入門ガイダンス

情報のマネジメント

不確実性への意思決定アプローチ

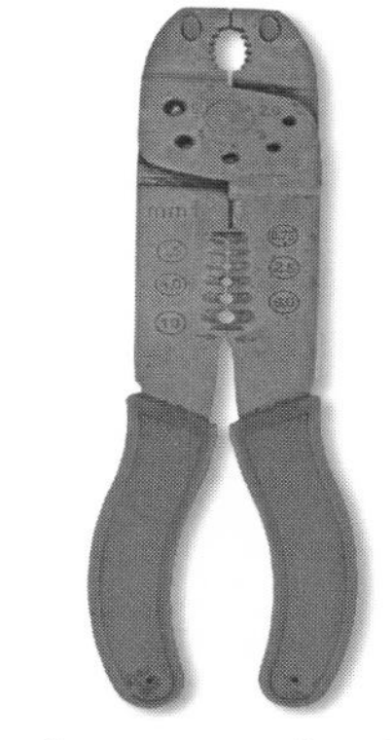

Kodono Yukio

中央経済社

第2版へのまえがき

本書の初版は，2005年に発行された。当時はIT社会に対応し，ITによる恩恵をすべての国民が享受し，世界最先端のIT国家となり，世界を先導することが目標とされていた。そのため，そのことを最初に認識する目的で，日本の国家戦略であるe-Japan戦略を取り上げ，IT社会の中で，多様な情報をどのようにマネジメントするかを目的にして本書を執筆した。特に，あえてコンピュータの存在を表に出さずに話を進めることにした。その結果，データと情報の違いから話を始め，情報理論をコンピュータには触れずに，通信モデルから展開した。そして，不確実な情報やあいまいな情報を用いて，意思決定を行うために必要な理論として，情報の非対称性，期待効用理論，プロスペクト理論，ファジィ理論について述べた。また，コンピュータを使わないで行うことのできる経営シミュレーションを取り上げた。

実は，これらはすべて，コンピュータが意思決定をするために必要な考え方，理論なのである。例えば，コンピュータが，不確実な情報から意思決定を行ったり，あいまいな情報から意思決定を行ったり，シミュレーションを行うことで，現実の社会における結果を予測したり，分析したりするようになるためには，本書に書かれた考え方や理論を取り入れれば良いことになる。

このような観点から，不確実性への意思決定アプローチというサブタイトルを付けた。つまり，不確実な状況の下で，コンピュータが意思決定を行うためには，期待効用理論で取り扱う効用関数やプロスペクト理論で取り扱う価値関数，ウェイト関数をプログラミングしてコンピュータに教えれば良いし，あいまいな情報に対しては，ファジィ理論で取り扱うメンバシップ関数やファジィルールをコンピュータに教えれば良いことになる。ここで必要な関数や計算の仕方は，省略すること無く記されている。

それから15年が経過し，日本政府は，IT社会の次の社会として，サイバー（仮想）空間とフィジカル（現実）空間を高度に融合させたシステムにより，経済発展と社会的課題の解決を両立する，人間中心の新たな社会として“Society 5.0”を提唱している。

これまでの社会は，野生の動植物の狩猟や採集による狩猟社会（Society 1.0），田畑に種子・苗・球根などを植えて育て，計画的に生産・貯蓄を行い，食料の安定供給を可能とし，その結果集団の定住を促し，その集団がやがて国として形成されるようになった農耕社会（Society 2.0），産業革命によって，工業化により大量生産が可能になり，豊かさと便利さを手に入れるとともに，国の中での都市化が進んだ工業社会（Society 3.0）へと発展してきた。そして，コンピュータの登場とインターネットの発展により迎えたIT革命によって，情報社会（Society 4.0）へと到達した。

Society 4.0では，ヒトがコンピュータに合わせることから始まったが，今では，コンピュータがヒトの生活に合わせている。例えば，コンピュータへの入力をキーボードで行うという行為は，スマートスピーカーなどのように，コンピュータがヒトの自然言語に合わせて理解している。

そして，Society 5.0では，IoT（Internet of Things）により，サイバー空間とフィジカル空間を連携し，すべてのものや情報，ヒトを1つにつなぐとともに，AI（Artificial Intelligence）等の活用により，経済発展と社会的課題の解決を両立する，人間中心の新たな社会を創出することになる。

前置きが長くなったが，第2版では，e-Japan 戦略の章を削除し，前提となる存在であったコンピュータ，インターネットの内容を付け加えることにした。また，コンピュータやインターネットの社会では，情報セキュリティは不可欠である。このようにして，必要最低限の知識として，コンピュータの基礎知識，ネットワークの基礎知識，情報セキュリティの基礎知識を追記している。今後，本書の各種理論や考え方を，コンピュータやネットワークにおいて活用することになると，これらの知識を持っている方が，適用しやすくなると考えられる。

したがって，Society 5.0 が目指す，経済発展と社会的課題の解決を両立する，人間中心の新たな社会の創出は，本書で取り上げる情報のマネジメントを行い，コンピュータがヒトと同じような意思決定を，不確実な情報からでも，あいまいな情報からでも，あるいはシミュレーションを行うことからでも可能になるものと考えている。読者のアイデアと本書で取り上げる各種理論が，Society 5.0 の新しい社会の創出に貢献することを願っている。

最後に，筆者を長く支えてくれている妻の弘美と子供たちに感謝する。また，本書の出版にあたって，お世話になった中央経済社の方々，特に納見伸之氏に厚く感謝する。

2020年4月

古殿幸雄

まえがき

2001年1月22日に発表されたe-Japan戦略は，5年以内に世界最先端のIT国家を目指すための国家戦略である。この翌年，本書は完成する予定であった。それから3年近くが過ぎ，目標となる2006年は，もう目の前である。この3年近くの間に，国家戦略は，大きく進展した。そして，2006年には，新たな国家戦略が始動するであろう。これらの時代の中で，中心的役割を担い，有用で柔軟な対応のできる学問の一助となる新しい情報のマネジメント論を確立することが，筆者の目的であった。

そのため，本書は，現在直面しているIT社会の中で，情報を分析し，評価し，意思決定を行うために，情報をマネジメントするという立場から，有効なアプローチとなる理論について論じている。従来，情報マネジメントとは，情報管理という立場からのアプローチであった。したがって，情報システムの設計や開発，運用，保守というアプローチの方法について検討されてきた。しかしながら，現在は，情報を管理するという立場から，次の段階に進んでいると考える。すなわち，情報を使っていかにマネジメントするか，いかに意思決定を行うかという段階である。

ところで，2000年から現在にかけては，技術的な進歩とは裏腹に，多くの問題が浮き彫りにされた。その1つは，IT不況である。コンピュータ技術やネットワーク技術だけでは解決できない問題のあることが，再認識されたと言っても過言ではないだろう。これは，理論的な後ろ盾がなく，技術のみに頼ってきたことの現れであると言っても良い。もちろん，技術的発展を否定しているわけではない。技術と理論の調和・融合が必要なのである。

したがって，本書は，情報とその理論について考えることから始めている。そして情報を，確実な情報と不確実な情報とに分けた場合に，確実な情報に対するアプローチは，統計学を筆頭に多数の有益な学問が確立している。そこで，不確実な情報を中心に展開することにした。しかしながら，本書は入門書としての位置づけを持っている。したがって，中級レベル，上級レベルへの展開は避け，代わりに，時代背景的な側面を取り入れることで，読みやすさやわかりやすさに努めることにした。その結果，読者には，もっと先の展開を考えたい，もっと先の内容に踏み込みたいと考えて頂ければ，願ってもないことである。

今日の時代の変化は，過去に類を見ないほどの急展開を見せている。時代とともに社会は変化し，その変化に対応する柔軟な人が，その時代をリードする人となるだろう。今まさに時代は大きく変化している。本書が，この変革の時代を生き抜き，この変革の時代をリードする人のための知識となり糧となれば幸いである。

最後に，本書を執筆するにあたり，日頃から多大なるご助言を頂いている恩師の大阪府立大学名誉教授の浅居喜代治先生ならびに大阪工業大学教授の奥田徹示先生に心より感謝の意を表する。また，多くの諸先生，諸先輩方の著書を引用・参考にさせて頂いたが，ここに記して謝意を表する。さらに，家族の協力なしには，本書は実現しなかった。日頃から支えとなり有益な助言をしてくれた妻の弘美と子供たちに感謝する。そして，本書の出版にあたっては，中央経済社の方々，特に納見伸之氏には，たいへんお世話になった。ここに厚くお礼申し上げる。

2004 年 12 月

古殿幸雄

目 次

目 次

目 次

1章 情報のマネジメント

1. IT

第2次世界大戦（World War Ⅱ）後の日本の高度経済成長の原点は，ものづくりであったと言っても過言ではないだろう。第2次世界大戦において，日本では約310万人の生命が失われ[1]，家を失った者は約1,000万人，外地から引き揚げてきた者は約400万人[2]，このような状況を鑑みれば，戦後の日本の再興には，数十年を要するだろうと考えられていた。また，日本は資源のほとんどを海外に依存しており，輸入した資源を用いてものを生産し，生産したものを国内で流通させるか，海外に輸出しなければならなかった。さらに，戦前の日本の国内総生産（Gross Domestic Product; GDP）は，アメリカ合衆国（以下アメリカ）の20分の1程度しかなく，終戦直後の状況からして，誰もが国内流通は見込めないと感じており，残された日本の復興への道は，生産したものを海外に輸出することに懸かっていた。そのためには，日本の製品が海外で受け入れられるような，優れた製品になるように生産する，というものづくりが必要であった。

その努力は，数十年をかけずして成果を現した。日本は敗戦からわずか10年後の1955年から1970年にかけて，実質年平均9.7%の高度経済成長を遂げ，瞬く間に経済大国となり，世界をリードしてきた経済大国のアメリカをも脅かす存在となった。すなわち，日本の優れた製品が海外で受け入れられたのである。この勢いに乗り，1980年代には日本企業のアメリカへの進出も本格化し，日本ではバブル経済と呼ばれる好景気を迎えることになった。

一方，1980年代のアメリカは，財政赤字（Budget Deficit）と貿易赤字（Trade Deficit）が併存する双子の赤字（Twin Deficit）を抱え，アメリカ国内産業の国際競争力も日本をはじめとする諸外国に押され，低下方向へと向かっていた。そして，アメリカでは，国際競争力回復のための人材育成の強化が提唱された。

そこで，ビジネススクールをはじめとするアメリカの大学院の高等教育改革が行われ，MBA（Master of Business Administration）コースの教育プログラムが構築された。そして，MOT（Management of Technology）コースが派生的に発生することになった。特に，日本の高度経済成長を支えた生産技術や高度な製品開発能力，企業価値を高める日本的経営手法が研究対象となった。また，MOTは，技術経営や技術マネジメントとも呼ばれるが，技術，すなわちテクノロジーが重要なキーワードとして再認識され，そのテクノロジーをどうマネジメントに活かすかが重要視された。

この頃，ハーバード・ビジネススクール（Harvard Business School）やMIT（Massachusetts Institute of Technology）スローンスクール（Sloan School of Management）などでよく用いられていたのが情報技術（Information Technology; IT）である。これらの大学院では，情報テクノロジーの説明の際に「情報システムの戦略的活用（Strategic Use of Information System）」という言葉がよく用いられた[3]。そのため，企業には，ITの活用が国際競争力回復の原動力であるという認識をもたらした。

そして今度は，アメリカの努力が，1990年代に入って国際競争力の回復につながることになった。特に，ITはその中心的な役割を果たすことになり，2000年の前後には，IT革命と呼ばれるようになった。またその頃，ITは21世紀における世界経済のエンジンであると言われるようになった[4]。

以来，企業などの組織において，ITは，各種情報の収集・加工・通信や，その保管・共有などに不可欠な存在となっている。なお，インターネット，スマートフォン，モバイル情報端末などにおける通信技術の発展もめざましく，これらを含めて情報通信技術（Information and Communication Technology; ICT）ととらえる場合は，ICTという言葉が用いられている。

2. コンピュータと科学技術

コンピュータの存在が，世間一般に広く認識される契機となったのが，1946年のエニアック（Electronic Numerical Integrator and Computer; ENIAC）の登場からであろう。このコンピュータは，真空管を約18,000本使用し，幅24 m，高さ2.5 m，奥行き0.9 m，総重量30トンの巨大な装置であった。真空管は，整流，発振，変調，検波，増幅などを行うために用いる電気電子回路用の素子である。真空管は，電圧を上げると壊れるおそれがあるため，当時は定格の10％未満という低電圧で動作させていた。

その後，1947年にAT&Tベル研究所のブラッテン（W. Brattain），バーディーン（J. Bardeen），ショックレー（W. Shockley）らのグループにより，トランジスタ（Transistor）が発明された。トランジスタは，真空管に取って代わるようになり，トランジスタを用いるコンピュータも開発されるようになった。

1958年には，トランジスタ・抵抗器・コンデンサ等を1つのシリコン上に実装した集積回路（Integrated Circuit; IC）が開発された。このようにICは，特定の複雑な機能を果たすために，多数の素子を1つにまとめた電子部品である。このICの開発には，半導体の父と呼ばれたキルビー（J. Kilby）やインテル社の創業者の1人であるノイス（R. Noyce）らが活躍した。そして，ICを用いるコンピュータが開発されるようになった[5]。

初期のICはごくわずかなトランジスタを集積したものであったが，1970年代中頃には，実装密度の大きな大規模集積回路（Large Scale Integration; LSI），1980年代にはさらに実装密度の大きなVLSI（Very Large Scale Integration）が開発されるようになり，その後も，1つの集積回路に実装される素子は高密度化されている。それに伴い，コンピュータも小さくなり，また高性能化され，演算速度も向上していくことになった。

以上のような時代背景とともに，真空管の時代のコンピュータを第1世代コンピュータ，トランジスタの時代のコンピュータを第2世代コンピュータ，ICの時代のコンピュータを第3世代コンピュータ，LSIの時代のコンピュータを第3.5世代コンピュータ，VLSIの時代のコンピュータを第4世代コンピュータと呼んでいる。第4世代コンピュータでは，30トンあった巨大なコンピュータ，エニアックの性能を，手のひらにのるサイズのコンピュータで実現している。

このように第1世代から第4世代までのコンピュータは，中枢となる素子の技術によって分類されている。しかしながら，第5世代コンピュータは，これまでのコンピュータの基本原理を抜け出した人間の知能を超えた人工知能（Artificial Intelligence; AI）を有するコンピュータとされている。日本では，世界に先駆けて，いち早く第5世代コンピュータの開発を試みた。1982年，通商産業省（現・経済産業省）が主導して，第5世代コンピュータを開発目標とした第5世代コンピュータプロジェクトが立ち上がり，542億円を費やし，1992年に終結した。国家プロジェクトは多数存在するが，10年以上費やした国家プロジェクトとしては，これが最後となった。しかし，第5世代コンピュータはまだ実現していない。そのためこの国家プロジェクトの成果は，第5世代コンピュータ技術と呼ばれ，現在のAIに貢献することになった[5]。

3. 企業とコンピュータ

コンピュータENIACの登場から，コンピュータが産業界に普及するまで，それほど時間はかからなかった。1950年，アメリカのレミントン・ランド社は，世界初の商用コンピュータ，ユニバックⅠ（Universal Automatic Computer Ⅰ; UNIVAC Ⅰ）を完成させ，翌年には販売を開始した。

日本では，1960年代以降，企業規模の拡大，事業の多角化，組織の巨大化・複雑化に伴って，コンピュータを利用した経営に対する期待が高まった。特に，1955年の設立以来，昭和の遣唐使と称された日本生産性本部が編成した訪米視察団は，企業におけるコンピュータ利用の調査，特に，経営情報システム（Management Information System; MIS）の調査をその目的として1967年に派遣された。この訪米MIS視察団は，帰国後日本の産業界のトップ層に，経営情報システムの重要性を報告することになり，コンピュータは急速に企業に普及することになった。経営情報システムは，大量のデータを集計して，経営のトップ，ミドル，ロアの各層に，組織内の意思決定や経営管理に必要な情報を瞬時に提供する。これには，オンライン処理やデータベース技術が用いられ，まさにコンピュータを用いる企業経営の幕開けともいえる画期的な情報システム構想であった [5]。

しかしながら，当時の情報処理教育は未熟であり，プログラマの不足をはじめとして，情報処理技術者の不足および移動や保守に厄介な大型コンピュータの存在は，コンピュータを無用の長物として放置することにもつながっていった。そのため，情報処理技術者の育成が何よりも急務となった。

現在は，情報技術と通信技術の進歩により，小型で高性能なコンピュータが，ネットワークを介して利用されるようになっている。1960 年代では，無用の長物と化したコンピュータではあるが，現在の企業においては，当時の未熟さは払拭され，コンピュータは欠かすことができない。特に，1 節で述べたように IT が，企業経営には不可欠となっている。

4. 情報のマネジメント

企業などの組織の運営に必要な 3 つの資源要素は，「ヒト」「モノ」「カネ」である。この 3 つのリソースが，経営活動では重要視されてきた。しかし，人間行動や組織行動における意思決定要素は，この 3 つには限られていない。特に，行動決定に影響を及ぼすものの 1 つが「情報」である。

では，情報のマネジメントについて述べる前に，経済学分野における「情報の経済学」について簡単に取り上げておく。2001 年のノーベル経済学賞は「情報の経済学」の分野のスティグリッツ（J. E. Stiglitz），アケロフ（G. A. Akerlof），スペンス（M. Spence）のアメリカの 3 教授に決まった。この情報の経済学[6],[7]では，不確実性の経済学と情報の経済学を取り扱う。前者の不確実性の経済学では，不確実性の存在する状況で，どのような経済モデルを作ればよいかを考えた上で，その場合にどのような意思決定が消費者や企業によって行われるかを明らかにすることを研究対象としている。また，不確実性が存在する場合に，市場均衡がどうなるのかを調べることになる。

次に，後者の情報の経済学では，不確実性の研究の自然な延長として，情報の果たす役割を考え，特に情報の非対称性（Asymmetry of Information）の問題を扱うことで，その解決法を探り，情報の経済的価値を検討することになる。

本書で取り扱う，情報のマネジメントは，情報の経済学の考え方に似ている。つまり，情報のマネジメントとは，情報の不確実性や非対称性なども考慮に入れながら，情報の価値を見出し，意思決定（Decision Making）に役立てることである。そして，情報をマネジメントするための新しい経営モデルの検討および創出であると考えている。

この考え方は，平成28年1月22日に閣議決定された第5期科学技術基本計画において提唱されているSociety 5.0に通じるものがある。これまでの社会（Society）を，狩猟社会（Society 1.0），農耕社会（Society 2.0），工業社会（Society 3.0），情報社会（Society 4.0）と分けた場合に，情報社会では，情報管理が中心であった。Society 5.0は，これらの社会に続く新たな社会を指すもので，サイバー空間（Cyberspace）（仮想空間（Virtual Space））とフィジカル空間（Physical Space）（現実空間（Real Space））を高度に融合させたシステムにより，経済発展と社会的課題の解決を両立する，人間中心の社会を目指すものである[8]。

したがって本書では，このような情報のマネジメントに役立つ知識について述べている。

5. 本書の構成

本書の構成を，図１－１に示す。

2 章では，IT 時代の経営戦略について述べる。ここでは，IT 革命とIT 不況についても触れておく。

3 章では，データや情報の知識として，情報について再認識し，情報の科学的アプローチ，すなわち情報理論について整理しておく。そして，4 章で，情報の非対称性について述べる。

これらを共通の認識としてとらえ，あいまいな情報や不確実な情報を用いる意思決定について展開していく。不確実な情報とは，確率的な不確かさや情報の非対称性を意味し，あいまいな情報とは，人間の主観的なあいまいさを伴う情報を意味する。

このとき，あいまいな情報に対するアプローチとして，5 章においてファジィ理論を取り上げ，その手法としてファジィ推論を用いる予測について 6 章で述べる。

また，不確実な情報に対するアプローチとして，7 章で期待効用理論，8 章でプロスペクト理論を取り上げる。

さらに，理論的な確証が得られない，または，理論を実証するために，問題が複雑になりすぎる場合に用いられるアプローチとして，9 章でシミュレーションを取り上げ，その意思決定へのアプローチについて 10 章で述べる。

以上のようなアプローチによって，情報をマネジメントするための知識を養っていただければと考えている。

そして，11 章から 13 章においては，コンピュータの基礎知識とネッ

▼図1-1　本書の構成

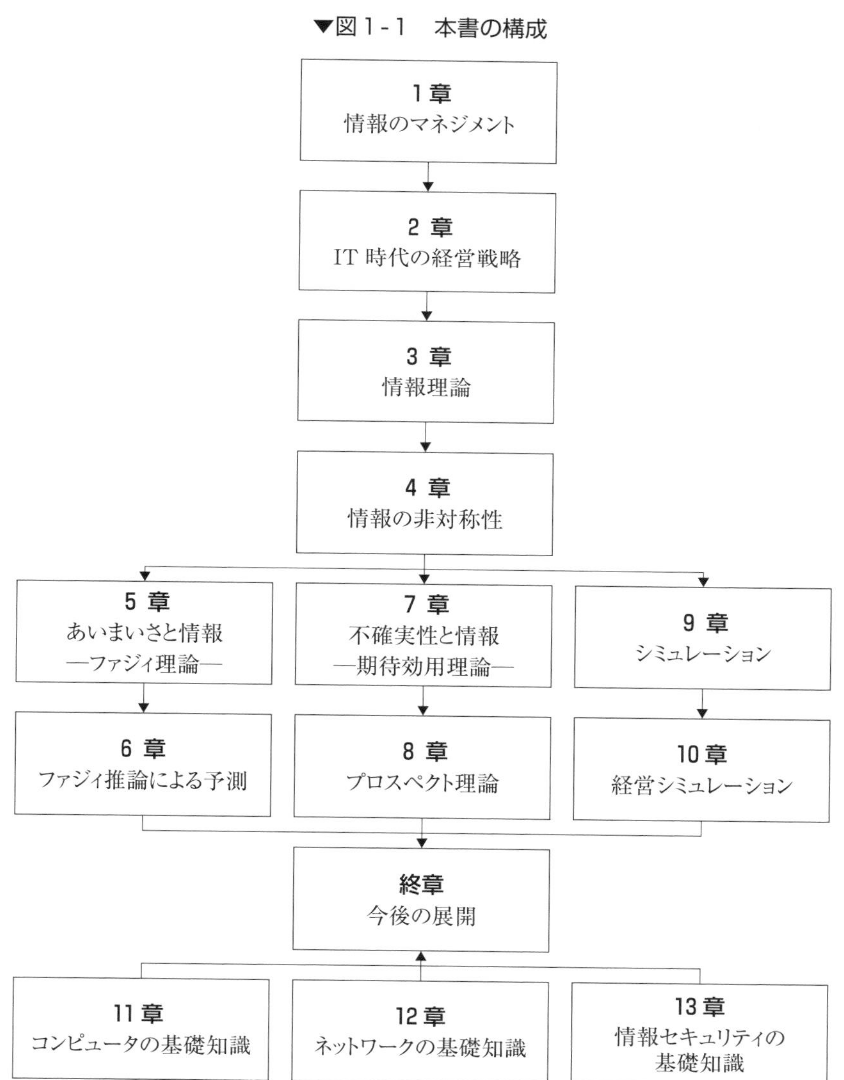
1章
情報のマネジメント
2章
IT時代の経営戦略
3章
情報理論
4章
情報の非対称性
5章
あいまいさと情報
—ファジィ理論—
7章
不確実性と情報
—期待効用理論—
9章
シミュレーション
6章
ファジィ推論による予測
8章
プロスペクト理論
10章
経営シミュレーション
終章
今後の展開
11章
コンピュータの基礎知識
12章
ネットワークの基礎知識
13章
情報セキュリティの
基礎知識

トワークの基礎知識，情報セキュリティの基礎知識について触れておく。

最後に，終章では，情報をマネジメントするという観点から，今後のIT 社会での情報マネジメントの展開について述べる。

演習問題

1．MBA と MOT の違いについて述べよ。
2．第 5 世代コンピュータ技術にはどのようなものがあるか調べよ。
3．IT 人材の育成について調べよ。
4．Society 5.0 で実現させたい未来の産業や社会について，Society 4.0 と比較しながら述べよ。

《引用・参考文献》

［1］ 厚生白書（昭和 31 年版）
［2］ 国土交通省：土地白書（平成 30 年版）第 2 章 明治期からの我が国における土地をめぐる状況の変化と土地政策の変遷
［3］ 鈴木弘幸著『実践 SIS 入門』工業調査会，1990 年
［4］ 古殿幸雄著『入門ガイダンス　経営科学・経営工学　（第 2 版）』中央経済社，2017 年
［5］ 古殿幸雄著『入門ガイダンス　経営情報システム　（第 2 版）』中央経済社，2017 年
［6］ 佐々木宏夫『情報の経済学：不確実性と不完全情報』日本評論社，1991 年
［7］ 永谷敬三『入門　情報の経済学』東洋経済新報社，2002 年
［8］ 内閣府 Society 5.0（https://www8.cao.go.jp/cstp/society5_0/index.html）2020 年 2 月アクセス

IT 時代の経営戦略

1. 1つのデータがもたらした冷戦終結

1976年9月6日，1機の戦闘爆撃機が北海道の函館空港に強制着陸した。当時の旧ソビエト連邦（以下，ソ連）の最新鋭戦闘機ミグ25（MIG - 25）である。戦闘機の機長ベレンコ（V.I.Belenko）中尉は，アメリカに亡命を希望してきた。中尉は希望どおりアメリカへ亡命することになるが，機体は自衛隊百里基地で分解，検査された。

この戦闘機のデビューは，華々しかった。冷戦中のアメリカとソ連の軍事力は，中東戦争（イスラエルとアラブ諸国との戦争で，アラブ側はソ連製の優秀な武器などを使用したこともあって，一時イスラエルは苦戦を強いられた）においてその優劣を競い合っていた。その中東戦争で，アメリカのファントム戦闘機（Phantom）が，追いかけたのにどうしても追いつけない，とてつもなく速い戦闘機が登場した。それがミグ25であった。ミグ25は，マッハ3で飛行するが，アメリカでは，実戦で追いつける戦闘爆撃機を1機も所有していなかった。このような折りに，ミグ25の機体が，同盟国を経由して手に入ったのだから，アメリカがどれほど喜んだかは，想像以上のものであったろう。

さて，ミグ25を調べると，次々に意外なことがわかってきた。まず，機体が鉄でできていた。次に，レーダーには，昔懐かしい真空管が並んでいる。さらに驚いたことに飛行時間は，30 ～ 50 分しかなかった。

アメリカ空軍が 1950 年代に構想した長距離超音速爆撃機計画では，マッハ 3 で飛行する核兵器搭載爆撃機により，ソ連領空へ攻撃を行うことが主眼とされていた。この計画により開発されたのがノースロップ XB-70 爆撃機であった。アメリカは，この爆撃機の試験飛行に成功し，ソ連はこれに対抗した戦闘機が必要であった。

マッハ 3 の爆撃機が来て，これに対抗する迎撃機がないと大変なことになる。そこで，とにかく追いかけることのできる戦闘機を作らなければならない。ところが，マッハ 3 になると，機体の表面温度が 250°C を超えるためジュラルミンでは強度がもたないし，チタニウムは生産が間に合わない。強度に耐えうる硬い金属は鉄であるが，鉄は重いため機体が重くなり，飛行時間は，30 ～ 50 分になってしまうが，今は鉄を使うしかない。レーダーは，半導体化が難しいので，真空管を使うしかない。このようにして作られたのが，ミグ 25 であった。

ところが，中東戦争に登場したミグ 25 は，まさか 30 ～ 50 分しか飛べないとは誰も思っていなかった。ファントム戦闘機が追いつけない驚異の戦闘機の登場であった。アメリカの技術力をしても，マッハ 3 の戦闘機は，試験飛行の段階で，実戦には使えない時期であったため，ソ連の技術力に恐れる日々が過ぎていくのみであった。特に，アメリカ空軍の技術部門（システムズ・コマンド）は，断片的な情報を組み合わせてミグ 25 の機体と装備の概要をつかんではいたが，情報のつぎはぎによる推測によるものであったため，機体はチタニウムとの憶測をし，ソ連の技術に驚愕していた。しかし，函館に降りた戦闘機を調べた結果，手持ちの技術だけで十分製作可能である上に，アメリカの技術力の方が遙かに上であったことが判明してしまった。

この話は，実に教訓的である。ソ連にしてみれば，とにかくマッハ 3

の戦闘機が欲しいため現在の技術を組み合わせて，張りぼてながらも完成させることができた。完成したのであるから相手に驚異的に映す必要がある。ファントム戦闘機の前に出現し，あっという間に引き離してしまえば，多大なデモンストレーションになる。この驚異の戦闘機が，秘密のベールに隠されたままで，函館に降りなければ，アメリカは，悪夢にうなされ続けていたことであろう。ところがこの秘密は，たった１つの現実のデータで明らかになってしまった。どんなに理論的な推測で検討しても，たった１つの現実のデータにはかなわないということである[1]，[2]。

2. 冷戦終結とIT革命

筆者は，この事件から，アメリカとソ連の優劣関係が決着したと考えている。その後，ソ連では，1991年8月19日，ソ連保守派のヤナーエフ（G.I.Yanayev）副大統領を中心とする非常事態国家委員会がクーデターを起こし全権を掌握し，ゴルバチョフ（M.S.Gorbachev）大統領の身柄を拘束する。同年8月22日，ロシア共和国のエリツィン（B.N.Yeltsin）大統領が市民とともに抵抗してクーデターを制圧することで，ゴルバチョフ大統領は復権し，同年8月24日，ゴルバチョフ大統領が共産党書記長職を解任するとともに党中央委員会の解散を勧告する。ロシア革命以来の共産党支配に終止符が打たれ，同年12月21日，ソ連に代わる共同体創設を協議するソ連11共和国の首脳会議が開かれる。そして，11共和国を創設メンバーとする独立国家共同体の設立と，ロシアなど4共和国による核兵器などの統一管理などで合意に至る。この日，ソ連は正式に消滅し，ゴルバチョフ大統領の退陣が決まった。

その2年前の1989年11月9日，東ドイツ政府は市民の国外旅行，移住規制を簡略化してベルリンとの壁が実質的に撤去され，この日だけで数万人の市民が西側へ渡った。翌10日，東ドイツはベルリンで西側への通過地点を増やすと発表し，東ベルリンのエーバースワルダー通りなど2カ所でベルリンの壁の一部を取り壊し始めた。各地点で往復2カ所ずつ穴を開けるため，工事は18カ所で行われ，1961年に築かれて東西対立の象徴的存在だった壁は，28年ぶりに崩壊した。そして，1990年に戦後45年間の分断を経て，東西ドイツは10月3日午前零時，統一を実現した。西ドイツに編入された東ドイツは，国家として消滅，欧州の中央部に，戦後処理を終え，主権を完全に回復した人口約8,000万人の大国が誕生した。西ドイツの正式名称「ドイツ連邦共和国」がそのまま新生ドイツの国名となり，国旗，国歌とも西ドイツのそれが引き継がれた。首都として復活したベルリンでは，旧帝国議会前の記念式典会場で国旗が掲揚され，集まった約100万人が見守る中で，祝いの花火が打ち上げられた。

このベルリンの壁の崩壊で，冷戦（Cold War）は終結した。そして，アメリカの国防費は，1989年の2,990億ドルをピークに削減されることになった。その結果，アメリカ国防省の大量の軍事技術者が，民間企業に流出することになる。また，アメリカ国防総省では，それまで莫大な研究予算を投じて，民間では到底不可能な基礎技術の開発，とりわけ軍事技術という性格上，通信技術とコンピュータ技術の研究が群を抜いて進められていた。このような軍事技術が，多種多様な分野の民間技術に取り入れられるようになる。

このような背景のもと，アメリカでは，通信技術，軍事技術が民間技術に取り入れられることで，ITを急速に普及させることになる。

3. IT革命

冷戦終結の頃，日本のバブル経済は崩壊し，1990年代の失われた10年を過ごすことになる。そして，21世紀を迎え，IT革命の時代に突入する。

ところで，日本がバブル経済に浮かれる頃，1人のアメリカ人が，『ジャパンアズナンバーワン』[3]を出版する。この著書は，世界中でベストセラーとなる。そして，この著書によって，戦後，日本が急速に成長してきた原動力は何だったのか。日本人へのインタビューやフィールドワークに基づいた論旨と結論は，各国の指導者にも大きな示唆を与えることになる。また，『ジャパンアズナンバーワン』を読んだアメリカ人は，日本に学ぶべきところが多くあることを知るようになった。一方，日本人は，自分たちのしてきたことに自信を持つようになり，やがて傲慢になってしまった。

これまでの日本の企業の発展は，トヨタ生産方式を抜きに語れない。トヨタは，カンバン方式，JIT（ジャストインタイム），カイゼン，品質管理など，多くの生産革新を行ってきた。

1980年代のアメリカは，日本の経済成長を尻目に経済不況にあえいでいた。『ジャパンアズナンバーワン』が出版され，アメリカの経営者や経営学者は，密かに日本の強さを研究するようになる。逆に，日本では，好景気に踊り，土地や株式投資に熱中することになる。

アメリカは，日本の強さの研究から，いくつもの理論を生み出すことになる。例えば，SCM（サプライチェーンマネジメント）は，トヨタに代表される日本の系列（ケイレツ）の取引関係の優れた点を取り入れた理論である。

このように，日本独自の経営手法や思想からアメリカが生み出した新しい経営手法や思想に，IT 革命が加わって，アメリカの逆襲が始まったのである。

4. ニューエコノミー論

日本経済が，1990 年代の失われた 10 年を過ごす間に，アメリカ経済は 10 年以上の景気拡大を続け，1990 年代は「ニューエコノミー論(New Economy Theory)」で盛り上がることになる。そして，アメリカ大統領経済諮問委員会は，2001 年 1 月の報告で，1990 年代を「ニューエコノミーの時代」と位置づけている。

従来からの経済理論では，景気が良いと，それに伴ってインフレが発生し，したがって景気は後退する，と説明されてきた。すなわち，インフレなき高成長はあり得なかった。

これに対して，IT の効果は，効率の向上にあり，効率の向上を行う IT を積極的に導入すれば，企業の効率は改善される。効率が改善されると売上に占める経費が下がるから，IT を導入すれば，効率が限りなく改善されて，生産性の向上が永遠に続く。このように，インフレなき高成長が恒久的に続くという新しい経済理論，ニューエコノミー論が誕生した。

ニューエコノミーの時代では，IT 革命が経済成長の主役である。アメリカ商務省の調査によると，アメリカの経済成長に対する IT 産業の貢献度は全体の 3 割を占め，インターネットを始めとする電子商取引が次々と新規産業を生み出し，その結果 IT 産業のみならず産業全体が成長する，と考えられていた。

5. IT不況

2000年半ばまで限りない高成長を遂げるとみられていたIT産業が，一転して不況に突入し，世界的な規模で市場縮小に遭遇することになった。1990年代後半に伸びたインターネット上の電子商取引を中心とするベンチャー企業（ドット・コム企業）が相次いで破綻し，2000年の後半からは，コンピュータ大手や通信大手にまで波及してきたのである。本格的に離陸したばかりのIT産業にとっては，これが初めての，しかも複合的な不況である。IT革命による生産性の急速な向上が，インフレなき永続的な成長を保証するというニューエコノミー論がもてはやされていた2000年夏までとは大きな様変わりであった。

ITの発達でカネと情報は瞬時に世界をかけ巡ることになった。この不況は，ドット・コム企業相手にパソコンやサーバ，通信機器類の前倒し需要が生まれ，これらハードからそれに付随するソフトまでの超過需要を発生させる要因になった。

また，ネット取引の拡大により部品や材料の仮需要が実需要を上回って発生し，景気後退とともに最終需要が落ち込み，大幅な減産を余儀なくされた。

さらに，多くの企業では，好景気の時に大規模な設備投資や大胆な企業買収を行っていたので，景気後退が企業の業績にダイレクトに響くことになる。これがいわゆるITバブル（Dot-Com Bubble）の崩壊である。

一方，本来は情報投資によるインフラ構築で正確な需要予測ができ，生産・在庫・販売管理などによる収益のコントロールも可能になる，との「夢」が破れたともいわれている。

しかし，情報は正確に収集し，処理し，分析し，評価し，そして活用することで初めて価値を生み出すことをこの不況が証明したといえる。つまり，情報のマネジメントという理論武装を怠ったのである。

6. IT 時代の経営戦略

IT 不況に直面し，そのためにこれまで続けていた情報化投資を怠ると，IT 産業では世界的な企業間競争から取り残される危険がある。しかも，政府，民間を問わず，IT 戦略が日本経済再建の合い言葉のように使われている。そのため企業は我慢強く IT 投資を続けてきた。

そして，2004 年後半より，ようやくこれまで行ってきた IT 投資の効果が現れ始め，過去最高益の企業が増加するようになった。この頃に，増益を続ける企業は，1990 年代半ばから，IT 投資を行ってきた企業である。

さて，前節で述べたように，情報は正確に収集し，処理し，分析し，評価し，そして活用することで初めて価値を生み出す。特に情報には，確実な情報と不確実な情報が混在する。確実な情報を取り扱うこと以上に，不確実な情報を取り扱うことは難しいし，避けられてきた問題である。

しかしながら，近年，不確実な情報に対する科学的な試みが行われ，成果を上げている。このように，IT 時代を生き抜くためには，情報を自在に扱う能力が不可欠となってきている。

各企業がこの不況から学び得た IT の強さ弱さの両面を認識し，情報マネジメントの分野を確立することで，すなわち，本書による理論的な武装を行うことで，将来へ向け，IT 時代の経営戦略を真剣に考えていかねばならない。

演習問題

1．失われた10年とは何か。
2．カンバン方式とは何か。
3．ジャストインタイムとは何か。
4．SCMとは何か。
5．IT産業の経済成長への貢献度は，どの程度であるか調べよ。
6．日本のバブル経済とITバブル経済とを比較せよ。
7．アメリカの経営と日本の経営を比較せよ。

《引用・参考文献》

［1］　唐津一『QCからの発想』PHP文庫，1987年

［2］　大小田八尋『ミグ25事件の真相　闇に葬られた防衛出動』学習研究社，2001年

［3］　エズラ・F・ヴォーゲル（Ezra F. Vogel）著，広中和歌子・木本彰子訳『ジャパンアズナンバーワン』TBSブリタニカ，1979年

情報理論

1. 情報の定義

日本における「情報」という言葉の起源は，諸説あるが，最も有力なものが次の説である。

明治時代に陸軍の兵制がフランス式に統一されたことに伴い，1873年（明治6年）に「仏国陣中軌典」が訳された。さらに1875年になってフランスで新式の歩兵陣中要務が刊行されたため，陸軍少佐酒井忠恕がこれを訳した「仏国歩兵陣中要務実地演習軌典」が1876年に出版され士官の教育に用いられた。この酒井の訳書の中に登場する「情報」という言葉が，初めて日本で使われたとする説である [1]。野戦では斥候，偵察，間諜などを派遣して地勢や敵情（状）を調べるため，その報知に対して酒井は「情報」と訳した。

軍隊では命令は，トップからボトムへ流されるが，逆に情報はボトムからアップへと伝達される。野外演習では，兵卒に命令と情報を明確に，しかも確実に伝達させることが1つの重要な課題となる。それまでに「情報」に相当する言葉として使われていたのは，「敵情の報知」，「敵情の報告」といった表現である。

そして，第2次大戦後，情報理論が日本に導入されたときに，“Information”の訳語として「情報」が当てられた。このように「情報」

という言葉は，二度，西洋語の訳語として造語されたことになる。

さて，情報とデータは，同じように扱われるが，その違いは何であろうか。JIS による情報処理用語－基本用語（JIS X0001）において，データの定義は，「情報の表現であって，伝達，解釈又は処理に適するように形式化され，再度情報として解釈できるもの」とある。同様に，情報の定義は，「事実，事象，事物，過程，着想などの対象物に関して知り得たことであって，概念を含み，一定の文脈中で特定の意味をもつもの」とあり，情報処理の定義は，「情報に対して行われる，データ処理を含む操作の体系的実施。データ通信，オフィスオートメーションなどの操作を含むことがある」とある。そして，これらの関係を次の図 3－1 によって表している。

この他に，代表的学者・研究者による，情報の定義について紹介しておく。

1949 年，ウィナー（Norbert Wiener）の定義 [2]

「情報とは，われわれが外界に適応しようと行動し，またその調節行動の結果を外界から感知するさいに，われわれが外界と交換するものの内容である。」

ウィナーは，サイバネティクス理論（生物と機械との制御や通信に関する理論）で著名であるが，情報を人間と外界という広範な関係で示している。なお，現在使われているサイバー空間やサイバービジネス，サイバー警察などのサイバーは，サイバネティクス（Cybernetics）の cyber が語源である。

▼図3-1　情報とデータの関係（JIS X0001より）

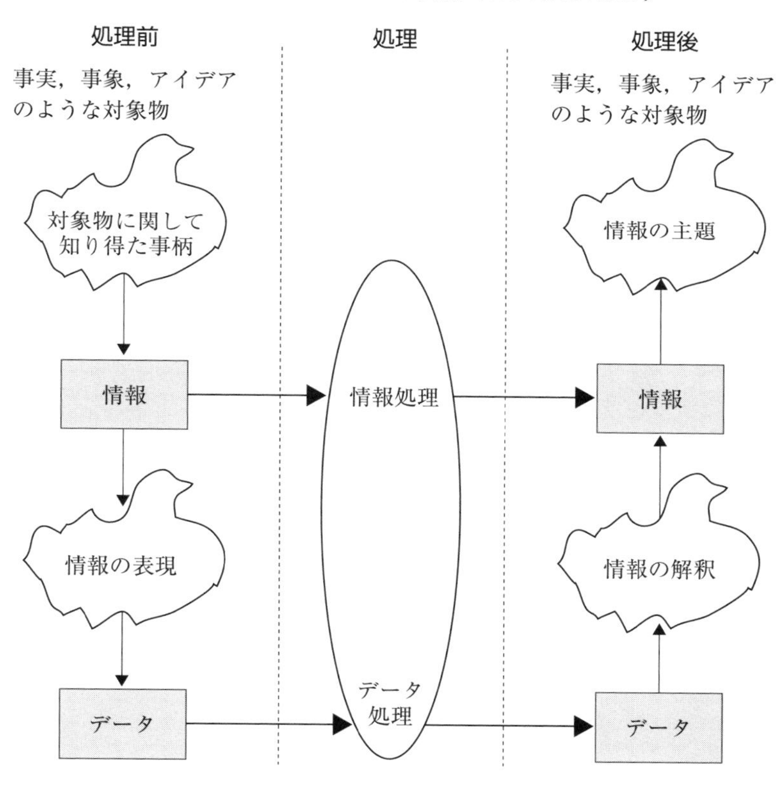

1963年，マクドノウ（Adrian M. McDonough）の定義 [3]

「情報とは，特定の状況における価値が評価されたデータである。」

マクドノウは，データと情報との関係を，ある状況における評価されるべき価値の有無においている。そして，マクドノウの情報概念は，次頁の図3－2によって説明される。

図3－2より，情報が形成されるには，「問題意識」と「データ」が

▼図３-２　情報形成過程

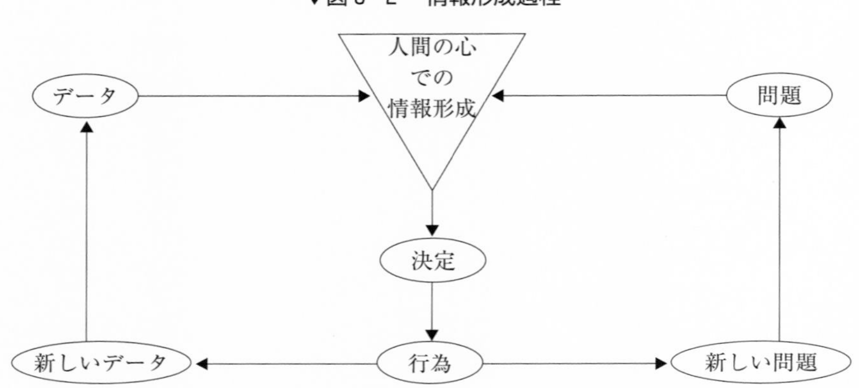

出典：マクノドウ著，長阪精三郎訳『情報の経済学と経営システム』好学社，p.72，1966年

結びつくことが必要である。すなわち，私たちが何らかの問題に直面したとき，その問題解決に役立つデータが必要となる。そして，その問題が解決すれば，新たな問題が発生し，その新たな問題を解決するためには，新たなデータが必要となる。この特定の状況で，価値が評価されたデータが情報であると考えたのである。

1969年，シャノン（Claude E. Shannon）の定義［4］

「情報とは，不確実性の量を減らす働きをするものである。」

シャノンは，情報の最小単位にビット（bit）を提唱する情報理論を展開したが，情報を定量化するという立場から情報をとらえている。なお，シャノンの情報理論については，次節で述べる。

1973年，デービス（Gordon B. Davis）の定義［5］

「情報とは，受け取る人に意味のある形に処理されたデータであって，現在，または将来の決定において現実のものになるか，または価値が認められるものである。」

デービスは，データと情報を，処理と価値という概念でとらえている。デービスは経営情報システムの構成を物理的構成要素，管理活動，組織機能といったもので表現し，1960 年代の経営情報システムはトータルシステムとして考えていた事に対して，1970 年代のサブシステムの連合という形の経営情報システムへと考え方が変化する契機を与えた。なお，物理的構成とはハードウェア，ソフトウェア，ファイル，手続書，要員などであり，管理活動は，1965 年のアンソニー（Robert N. Anthony）の経営階層（戦略計画，マネジメント・コントロール，オペレーショナル・コントロール）の考え方 [6] であり，そして組織機能ごとのサブシステムを連合させた「サブシステムの連合」という形で経営情報システムを考えた。

1981 年，前川良博の定義 [7]

「情報とは，判断，選択，予測，計画設定などの行動にあたって意思決定を行う当事者に役立つメッセージである。それは情報を要求する当事者に，知りたいこと，知らないことを知らせるものである。」

前川は，情報システムや情報管理という立場に立ち，経営管理への貢献を前提に置いて情報をとらえ，メッセージとすることで，情報の内容という価値的な側面を表現している。

以上のような定義がなされているが，これらの定義から，データ，情報，知識の関係は，図３－３のように考えることができる。なお，かつ

▼図3-3　データ，情報，知識

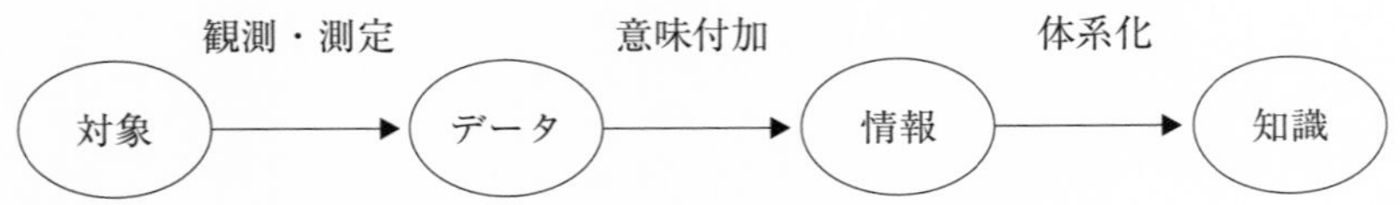

て情報は，英語の"Intelligence"の訳語として使われていたこともあり，現在はIntelligenceに，知識や知能という訳語を用いている。図3－3のように考えれば，データ，情報，知識の関係が明確になるであろう。

2．シャノンの情報理論

1948年アメリカのベル電話研究所のシャノンは，通信の数学的理論[8]を発表した。この論文では，情報量の定義，情報量の測り方，言語の持つ情報量，情報の効率的伝達および蓄積法などについて，数学的に明確な形で表現した理論を述べている。

ところで，19世紀から20世紀にかけての100年間は，物理学の時代であったといわれている。そして，物理学が発見した自然界の基礎法則が次々に応用され，現代文明を変化させてきた。例えば，トランジスタは家電製品やコンピュータ，スマートフォンなどに広く用いられているが，この技術はもともと物理学の基礎的な研究がその発端となっている。

また，現代物理学は，極微の素粒子から極大の宇宙にわたる広範な現象を明らかにしてきたが，最近の理論・実験の発展はさらに宇宙創生の初期の歴史について信頼できる理論を形成しつつある。なお，2002年，ノーベル物理学賞を受賞した小柴昌俊は，カミオカンデの超新星ニュートリノ検出によるニュートリノ天文学という新たな研究分野を開拓し，

▼図3-4　通信システムの概略

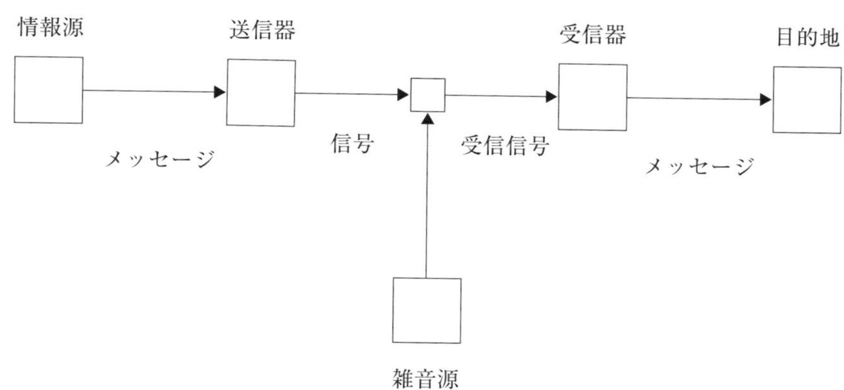

出典：C.E.Shannon: *"A Mathematical Theory of Communication"*, The Bell System Technical Journal, Vol.27, p.380, 1948

2015年に同賞を受賞した梶田隆章は，ニュートリノが質量を持つことを示すニュートリノ振動を発見した功績が評価された。

さらに，現代物理学は，超低温，超高圧，超強磁場などさまざまな極限状態における物質の諸相を解明し，複雑系，生命現象の物理学などへその研究対象を広げている。

しかしながら，物理学だけでは解き明かせないものがあり，それが情報であると考えたのがシャノンであった。物理学では，「世界は，物質とエネルギーによって作られている」とされていたが，シャノンは，「第3の要素として情報」の重要性を指摘した。物理学では，情報は扱えなかったのである。

シャノンは，通信の立場から送り手と受け手の間での情報の伝達について考えた（図3－4）。すなわち，情報を情報源から目的地へ伝送（伝達）することが通信であり，通信には2つの重要な条件，「正確」と「高速」とが必要になる。

通信では，情報の内容あるいは情報の意味を全く切り離して，情報を取り扱えるため，情報量というものを純粋に取り上げることができる。例えば，「CD」という語を送信する場合，これを正確に伝えるためには，この語の意味「コンパクトディスク」を問題にする必要はない。始めにCを送り，次にDを送り，それを正確に送ることと，送る文字の順番を間違えないことが送信の要件となる。通信システムのモデルでは，①

▼図3-5　通信システムのモデル

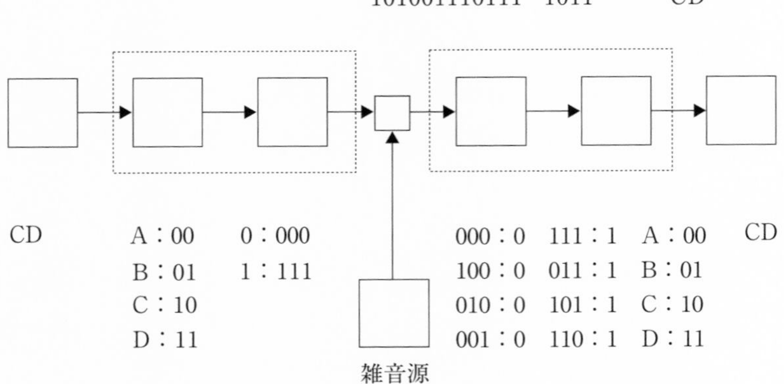

情報源「CD」
情報源符号化「A：00，B：01，C：10，D：11⇒CD=1011」
通信路符号化「0：000　1：111⇒1011＝111　000　111　111」
通信路（誤り発生）「111　000　111　111⇒101　001　110　111」
通信路復号化「000：0　100：0　010：0　001：0　111：1　011：1　101：1　110：1⇒101　001　110　111＝1011」
情報源復号化「00：A　01：B　10：C　11：D⇒1011＝CD」
目的地「CD」

情報源を符号記号（通常０と１，単に符号あるいはコード（Code）ともいう）に変換（符号化あるいはコード化という），②通信路における誤りに対処できるように別な符号語に変換，③符号化された情報は通信路，つまり媒体に入力され，この通信路の周りの雑音源からの雑音（Noise）を受け，情報の一部が欠損したり，変化するような誤りが発生，④ 誤りを検出・訂正するような復号化（Decode），⑤情報源に戻す復号化，を行うことによって対処する。このことを図３－５になる。

このように通信は，情報を正確に送ることを目的とし，情報は通信の分野で客観的な形で量的にとらえられ，送るべき情報量としてとらえることができるようになった。

さて，次の２つの情報について考えてみよう。

情報 1　「7 月 16 日の京都の最高気温は 30 ℃であった」

情報 2　「7 月 16 日の京都の最高気温は 41 ℃であった」

これらの情報の文字数だけを見れば同じである。しかし，情報の価値としては，本質的な違いがある。夏に 30 ℃を超えることはよくあるが，40 ℃を超えることは滅多に起こらない。滅多に起こらないことが起こったときの情報の価値は大きく，よく起こることが起こっても情報の価値は低い。したがって，情報の量は，情報の価値が大きいほど，大きな値になることが望ましい。

そこで，次の２つの情報を考えてみよう。

情報 3　「52 枚のトランプからハートを引く」

情報 4　「52 枚のトランプからハートのエースを引く」

（このトランプは，スペード，クラブ，ハート，ダイヤが各々エース～キングまでの 13 枚ずつあるとする）

トランプのハートは，52 枚中 13 枚あるので，確率は１／４である。

これに対してハートのエースは，52枚中1枚なので，確率は1/52である。したがって，情報量としては，情報4（1/52）の方が大きいことになる。しかし，確率では，1/4 = 0.25，1/52 = 0.019となり，0.25の方が大きくなってしまう。

また，次の情報を考えてみよう。

情報5　「サイコロを2回振ったとき，連続して1の目が出た」

（このサイコロは，1〜6までの6通りの目の出方があるものとする）

サイコロの1の目が出る確率は1/6であり，2回連続して1の目が出る確率は，1/6 × 1/6 = 1/36となる。情報量として考えた場合は，1回目に1が出た情報量に，2回目も1が出た情報量を加える（加法性の成立）ことで表現できることが望ましい。

以上の望ましい項目をまとめると，ある事象aの生起確率をP（a）としたとき，その情報量I（a）は，P（a）が小さくなるほどI（a）は大きくなり，P（a）が大きくなるほどI（a）は小さくなり，また，1回目に得た情報量をI（b）とし，2回目に得た情報量をI（c）とすれば，これらによって得られた情報量I（k）には，

$$I(k) = I(b) + I(c)$$

が成り立つ。

これらをすべて満たす関数には，対数（Logarithm）がある。したがって，シャノンは，対数を用いて，情報量を次のように定義した。

$$I(a) = \log_2 \ 1/P(a) = -\log_2 P(a)$$

対数の底を2としたのは，先の通信システムのモデルのコード化（図3－5参照）で，0と1からなるコードを用いたことから，すべての情報は，0と1で表すことができると考え，これを情報の最小単位と考え

ためである。そして，当時の物理学での物質の最小単位が原子（Atom）であることから，情報学でも最小単位を用いることとし，これをビット（bit）と呼んだ（$\log_2 2 = 1$）。現在，物質を構成する最小単位は素粒子（Elementary Particle）である。

なお，対数の底をeとしたときは，ナット（nat），底を10としたときはハートレー（hartley）と呼ばれる。

したがって，先の情報3「52枚のトランプからハートを引く」ことの情報量は，

$$-\log_2(1/4) = -\log_2 2^{-2} = 2\log_2 2 = 2\text{ビット}$$

となる。

しかし，この場合は，どのカードを引く確率も，すべて同じであることが前提である。例えば，不公平なサイコロやいかさまコインなどでは，確率が同じでない場合があり，このような不確実性に対しては，「平均情報量」（情報量の期待値）というものを考える。平均情報量は，次の式で定義される。

個々の事象の集合を $A = \{a_1, a_2, \cdots, a_n\}$（$\Sigma a_i=1$, $a_i \cap a_j = \phi$）とし，情報量 $I(a_i)$ の平均情報量は

$$H(A) = \Sigma P(a_i) I(a_i) = -\Sigma P(a_i) \log_2 P(a_i)$$

となる。

この式は，熱力学で，分子の無秩序さを表す「エントロピー（Entropy）」（1865年，クラウジウス（Rudolf J. E. Clausius）が用いた概念）とまったく同じ形をしているので，平均情報量をエントロピーともいう。特に区別したい場合は，物理学でのエントロピーに対して，情報学でのエントロピーをシャノンエントロピーと呼ぶ。

この平均情報量（シャノンエントロピー）は，情報の無秩序さ，あいまいさ，不確実さを表す尺度でもあり，ある事象の発生確率がすべて同じとき（何が起こるか予測がつかないとき）に最大で，発生確率の偏りが大きければ大きいほどエントロピーは小さくなり，1つの事象の確率が1で他はすべて0，すなわち最初から結果がわかりきっている場合には，最小値0となる。

例えば，コインを投げるときの表の出る確率と裏の出る確率が各々0.5であるときのシャノンエントロピーは，

$$(-0.5\log_2 0.5)+(-0.5\log_2 0.5)=1 \text{ ビット}$$

であり，表の出る確率が0.7，裏の出る確率が0.3の不公平なコインのシャノンエントロピーは，

$$(-0.7\log_2 0.7)+(-0.3\log_2 0.3)=0.881 \text{ ビット}$$

となる。さらに，表の出る確率が0.9，裏の出る確率が0.1のさらに不公平なコインのシャノンエントロピーは，

$$(-0.9\log_2 0.9)+(-0.1\log_2 0.1)=0.469 \text{ ビット}$$

となる。このように，ある事象の発生確率がすべて同じときに最大で，発生確率の偏りが大きければ大きいほどエントロピーは小さくなっている。

3．情報の特性

2004年8月，ギリシャのアテネで第28回オリンピック競技大会が開催された。1896年，第1回近代オリンピック競技大会が開催された地

である。オリンピックは，多くの感動や勇気を私たちに与えてくれている。

さて，オリンピックの長距離競技の花形といえばマラソンであるが，マラソンは，マラトンの戦い（紀元前490年）が語源となっている。かつて古代ギリシャがペルシャの大軍を迎え撃ち，マラトンの丘の戦いで勝った事実を伝えるために，1人の兵士がアテネまでの約40kmを走り抜き，「われら戦い，われら勝てり」と叫んで絶命したという。そして，アテネで第1回近代オリンピックを開催しようと準備を進めていたクーベルタン男爵（Baron Pierre de Coubertin）に，ソルボンヌ大学の言語学者，ブレアル（Michel Breal）が，ギリシャ史に関係の深いこの悲壮な物語を記念して，オリンピック種目にマラトンの古戦場からアテネの競技場までの長距離走を加えることを提案した。クーベルタンはこの提案を採用して，「マラソン競走」と名づけたという。

この史実は，情報がいかに高い価値をもっていたかを教えてくれる。そして，高い価値の情報は，いち早く入手しなければならなかった。

ところで，当時は，職業的メッセンジャー（飛脚）がおり，この兵士は，兵士ではなく，アテネにいた職業的メッセンジャーであったともいわれている。情報をいち早く遠方に伝えるために，職業的メッセンジャーが活躍していたことは，非常に興味深いことである。

さて今日，情報は，瞬く間に全世界へと配信される。世界中に張り巡らされたインターネット網が，それを可能にした。それと同時に私たちは，膨大な量の情報を選別する能力や処理する能力を身につけなければならなくなった。しかも，確実な情報と不確実な情報が入り交じった状態の中で，短時間で判断する能力が必要とされている。

そして，この情報には，次のような特性が考えられる。

①　情報価値の主観性

情報の価値は，その情報を必要とする人によって大きく変化する。先のマラトンの丘での戦いの結果は，古代ギリシャ人にとっては，価値の高いものであるが，他国の人にとっては，価値が下がる場合がある。

② 情報の寿命性

情報には，寿命があり，時間の変化とともに必要性も変化する。そのため先のマラトンの丘での戦いでは，「われら戦い，われら勝てり」と叫んで絶命するほど，一刻も早くこの情報を伝える必要があり，時間がかかってしまえば，情報として必要がなくなる場合がある。

③ 情報活用の啓蒙性

近年はインターネットなどを用いて，誰もが容易に情報を検索できるようになった。これらの情報には，確実な情報以外に，不確実な情報も含まれている。自ら情報を収集し，これらを見極め，適切に処理するための情報活用能力が，より一層求められている。したがって，情報教育や情報活用の啓蒙が今後さらに必要である。

これらの特性を踏まえて，次章以降の不確実な情報について考えていきたい。

4. 不確実性

ここでは，次章以降で取り扱う不確実性について整理しておこう。ウィン（Brian Wynne）は，不確実性を次のように分類している［9］。

① リスク（Risk）

損害や発生確率はわかっている不確実性

② 不確実（Uncertainty）

損害の可能性はわかっているが，発生確率についてはわからない不確実性

③ 無知（Ignorance）

何がわかっていないかもわからない不確実性（第2オーダーの不確実さ）

④ 不確定（Indeterminacy）

知識の枠組みは公開されているが，要因や条件に対して，特徴を見出したい行動の過程が不明確または非決定の不確実性

⑤ 複雑性（Complexity）

扱いにくい頑健（Robust）なデータの変動のように非線形で，複合的な不確実性

⑥ 不一致（Disagreement）

観測方法や解釈，枠組みを超えた相違，論争参加者の能力の問題の不確実性

⑦ 多義性（曖昧性）（Ambiguity）

（重要な要素の）正確な意味が，一意に決まらない，あるいははっきりしない不確実性

このように，不確実性は，その内容によって異なっている。そして，多くの研究者たちが，このような不確実性に挑んできた。次章から取り扱う不確実性は，現在最も有力な理論的な枠組みの下で挑まれ，体系化されてきた理論である。

そこで，これから取り扱う不確実性について紹介しておく。まず最初に取り上げるのは，ファジィネス（Fuzziness）である。ファジィネスとは，人間の言語や思考などのあいまいさ，すなわち2値論理で割り切

ることができないがゆえに発生する不確実性である。例えば，「若者」，「年配者」や「小さい」，「大きい」に見られる言葉の意味や概念の定義は，あいまいになる。この不確実性に挑む理論は，ファジィ理論である。そして，このファジィ理論を用いて，不確実な情報から予測を行う方法について述べる（5 章，6 章）。

次に，ランダムネス（Randomness）を取り上げる。ランダムネスは，対象の特性値の観測において，不規則としか説明できないような場合であり，確定値として観測結果が得られないという性質から生じる不確実性である。この不確実性に挑む理論は，確率論である。そして，この確率論を基礎として，不確実性の下での意思決定について述べる（7 章，8 章）。

これらの他にも，不確実性に挑む学問には，カオス理論，ニューラルネットワーク，遺伝的アルゴリズムなどがある。これらの学問は，特に知識工学の分野で発展がみられる。

そして，シミュレーションの知識と不確実性をモデルとして記述し，このモデルを用いたシミュレーションによる意思決定について述べる（9 章，10 章）。

演習問題

1．0，1，2，…，9 までの数字の情報量を求めよ。
2．アルファベットの情報量を求めよ。
3．表の出る確率が 0.8，裏の出る確率が 0.2 の不公平なコインのシャノンエントロピーを求めよ。
4．あなたが行っている情報活用には，どのようなものがあるか。
5．アナログ情報とデジタル情報の違いを比較せよ。
6．あなたの身近な情報として，最も価値のある情報は何か。

7．ディープラーニング理論について調べよ。
8．不確実性を表す言葉にはどのようなものがあるか。

《引用・参考文献》

［1］ 小野厚夫『明治九年，「情報」は産声―フランス兵書の翻訳に語源―』日本経済新聞文化欄，1990年9月15日
［2］ N.Wiener: *"The Human Use of Human Beings, Cybernetics and Society"*, Houghton Mifflin & Co., 1949
［3］ A.M.McDonough: *"Information Economics and Management Systems"*, McGraw-Hill, 1963
［4］ C.E.Shannon: *"A Mathematical Theory of Communication"*, The Bell System Technical Journal, Vol.27, pp.379-423 and pp.623-656, 1948
［5］ G.B.Davis: *"Management Information Systems : Conceptual Foundations, Structure, and Development"*, McGraw-Hill, 1973
［6］ R.N.Anthony: *"Planning and Control System : A Framework for Analysis"*, Harvard University Press, 1965
［7］ 前川良博編著『経営情報管理［改訂版］（経営工学シリーズ10）』日本規格協会，1986年
［8］ C. E. シャノン・W. ウィーヴァー著，長谷川淳・井上光洋訳『コミュニケーションの数学的理論』明治図書出版，1969年
［9］ B.Wynne: *"Managing Scientific Uncertainty in Public Policy"*, Biotechnology and Global Governance: Crisis and Opportunity, Harvard University Weatherhead Center for International Affairs, pp.26-28, 2001

4章 情報の非対称性

1. レモンの原理

レモン（Lemon）という単語を辞書で引くと，「レモン（の実)」の他に「不完全（不満足，無価値）な人（物)，欠陥商品」という意味がある。レモンはいつも黄色で，おいしそうなのだが，外見とは裏腹に，酸っぱすぎたり，中身が腐っていたりする。そのため，レモンの中身が外見からは判断しにくいことから，後者の意味が俗語として発生した。そして，この意味から自動車に対してレモンとして使う場合は，外見からは判断できない欠陥を持つ自動車の事を意味する。これとは逆に，ピーチという単語には，「モモ（の実)」の他に「すてきな人（物)」という意味がある。

さて，1章で紹介したアケロフは，このレモンの市場（Market for Lemons）として，中古車市場を例にして，情報の非対称性がもたらす問題について分析している [1]。

いま，中古車の市場には，品質の良い車（Good Car）と品質の悪い車（Bad Car; “Lemons”）の2種類があるとする。品質の良い車であれば100万円の価値を持つが，品質の悪い車であれば40万円の価値しかない。また，市場では，品質の良い車が50％の確率で，品質の悪い車が50％の確率で出回っているとする。買い手（Buyer）も売り手

(Seller) もそのことは知っているが，買い手は，個々の中古車の品質はわからないものとする。

個々の中古車の品質がわからない買い手は，その全体的価値を期待値 (Expectation) として評価しようとする。期待値とは，平均的に期待できる値のことで，

期待値＝Σ（金額 × 確率）

として計算することができる。（Σは総和の意味である。ギリシャ文字Σは英語のSに対応し，Sは英語のSummationの頭文字である。）

そこで，この中古車市場における車の期待値は，

100万円× 0.5 ＋ 40万円× 0.5 ＝ 70万円

である。したがって，買い手は，市場に出回っている中古車の中から70万円を平均的な評価としてとらえ，それ以下のものしか買わないことになる。

一方，売り手は，中古車の品質はわかっているから，100万円の価値を持つものを，70万円では売りたくはない。結果として市場は，70万円以下で取引される品質の悪い車のみの市場，すなわちレモンの市場になってしまう（これをレモンの原理 (Lemons Principle) と呼ぶ)。

また，レモンの原理のように，悪いものが良いものを駆逐することを逆選択 (Adverse Selection) と呼ぶ。そして，一方は深い知識を持っているが，他方はほとんど情報を持たないという状態を，情報の非対称性と呼ぶ。したがって，中古車市場の例では，買い手は，車の品質に関する情報を持っておらず，売り手は，車の品質に関する情報を十分に持っていることとなり，両者の間で，情報の非対称性が存在することになる。

レモンの原理は保険会社でも起こりえる。例えば，自動車保険の場合，保険会社は，ていねいな運転をするドライバーには，年間5万円，乱暴な運転をするドライバーには年間15万円の保険料を設定したいと仮定する。しかし，保険契約を結びにくるドライバーは，どちらのドライバーであるかはわからない。そこで，ていねいな運転をするドライバーが50％，乱暴な運転をするドライバーが50％いると仮定すると，その平均的保険料は，

5万× 0.5 ＋ 15万× 0.5 ＝ 10万円

となる。したがって，保険会社が提示する保険料は，年間10万円となる。

しかしながら，ていねいな運転をするドライバーは，年間5万円ならば保険料を支払っても良いと考えているが，年間10万円の高い保険料を払いたがらないから保険には加入しなくなる。したがって，この保険には，年間15万円までなら保険料を支払っても良いと考えている乱暴な運転をするドライバーしか加入しなくなる。そして，乱暴な運転によって，事故が多発し，保険会社は赤字になり，保険料を年間16万円につり上げる。その結果，乱暴な運転をするドライバーは，高い保険料になり，保険に加入しなくなるが，もっと乱暴な運転をするドライバーは加入し，レモンの市場は加速される。

保険会社としては，ていねいな運転をするドライバーを集めたいのに，逆の選択現象すなわち，逆選択が起こってしまう。このように，情報の非対称性によるレモンの原理は，労働市場，金融市場，医療や法律などの専門的知識や技能を提供する市場においても，市場のメカニズムの好ましさに対するきわめて深刻な問題を引き起こすことになる[2]。

2. 道徳的危険

情報の非対称性が存在するとき，情報を持つ者は，自分の行動が見られないのを利用して，払うべき注意や努力を怠ったり，他人の利益を害するまで自己の利益を図ったりすることがある。このような行動は道徳的危険（Moral Hazard）と呼ばれる。

例えば，ある人が自動車保険に加入したとしよう。保険会社は，保険加入後に加入者が，ていねいな運転をするのか乱暴な運転をするのかはわからない。この観察の困難さによって情報の非対称性が発生する。その人は，保険に加入する前は，ていねいな運転をしていたが，保険に加入した後，少々の傷が付いても保険で修理ができるという安心感から，狭い駐車場でも注意を怠るし，でこぼこの道路でもスピードを落とさずに走るようになってしまう。このような，保険に加入したことによって，安心感から乱暴な運転をして，払うべき注意や努力を怠ったりしてしまう結果，事故を起こしやすくしてしまうことは，道徳的危険である。

また，あなたは，学生時代に，出席がチェックされない授業では，さぼりたいと考えてしまうことはなかっただろうか。これも自分の行動が，関係者に観察されにくいという情報の非対称性によって発生する道徳的危険である。この他，銀行等の金融機関が，政府に保護されているときに，経営努力をしなくなるとか，官僚でいえば，自分の権限と情報上の優位な地位を利用して，公金を着服したり，飲食代に転用したりすることも道徳的危険になる。

なお，道徳的危険と前節で述べた逆選択の違いについて，簡単に触れておく。道徳的危険は，取引の当事者間で，一方の当事者の行為を他方の当事者が観察できないときに発生し，当事者間で契約が結ばれた後で，一方の当事者が，当初想定されていたのと異なる行動をとるために，契約で想定した条件が当てはまらなくなることである。したがって，道徳的危険は，ある契約が結ばれた後に発生する。一方，逆選択は，ある契約が結ばれる前に発生する。

3．逆選択と道徳的危険の緩和

情報の非対称性の存在する市場においては，逆選択と道徳的危険が発生するため何らかの解決策が必要となる。アケロフとともにノーベル経済学賞を受賞したスティグリッツは，選別（Screening）という解決手法を提案［3］し，また，同じく同時受賞のスペンスは，シグナリング（Signaling）という解決手法を提案［4］している。

先の中古車市場の例について，買い手による選別の方法を考えてみたい。ここでは，品質の良い車と品質の悪い車に関して，購入後1年間で故障が発生する確率がわかっていると仮定する。品質の良い車ならば，1年間の故障発生率は10％で，品質の悪い車ならば，故障発生率は，90％であるとする。また，故障が発生する場合の修理費用などの損失額は，品質の良い車なら20万円，品質の悪い車なら60万円とする。

買い手は，「1年間の保証つきなら100万円で買い取るが，保証無しなら48万円で買い取る」という提案をすればどうなるだろうか。ただし，この保証書の作成費用は2万円で，提案者の買い手が負担するものとする。この場合，保証つきの場合での買い手の支払額は実際には102万円となる。

以上のような取り決めが存在する場合，品質の良い車の持ち主なら，保証つきの場合の収入は，販売額－期待損失額，つまり100万円－20万円×10％＝98万円となり，保証無しの場合の収入48万円より大きくなるので，保証をつけて中古車市場に出すだろう。これに対して，品質の悪い車の持ち主は，保証つきの場合の収入は，同様にして，100万円－60万円×90%＝46万円となり，保証無しの場合の収入48万円より小さくなるので，保証をつけずに中古車市場に売り出すだろう。ここで，品質の良い車と品質の悪い車の選別が行われる。また，買い手にしてみれば，品質の良い車であれば，当初の100万円の価値で購入できるし，品質の悪い車であっても，修理費用の60万円は保証されるから，当初の40万円の価値に60万円の修理費用が保証されることで，40万円＋60万円＝100万円の価値は保証され，保証無しの場合でも48万円＋60万円×90％＝102万円となり，保証をつけた場合の支払総額と一致する。

したがって，選別は，品質の良い車と品質の悪い車の区別がつくことであり，これにより情報を持つ者と情報を持たない者との非対称性がある程度緩和できる。なお，この場合の買い手が余分に負担する2万円の保証書作成費用は，選別を行うための費用となる。

以上のように，選別とは，情報を持たない者が情報を持つ者の逆選択を回避するために考案された方法である。この選別がうまく機能すれば，情報の非対称性は，緩和されることになる。

次に，逆選択を克服するもう1つの手法であるシグナリングについて考えてみよう。選別での中古車の例では，保証つきでの売買契約が，買い手から要求されたが，品質の良い車の持ち主が，自ら考え出したアイデアだとすると，1年間の保証をつけることは，品質の良い車の持ち主は，自分の車が品質の良い車であることを買い手に信じさせるために送ったシグナルとなる。したがって，この保証書の作成にかかる2万円は，シグナリングを行うための費用となる。

したがって，品質保証制度，店の評判，格付機関等の信用のできる第三者による評価，ブランドネームの確立，医者，弁護士，税理士等の免許や資格等は，情報を持っている側が，情報を持っていない側に，信頼できるシグナルを送る方法となる。

最後に，道徳的危険の緩和方法について考えてみよう。この場合，どのようなインセンティブシステム（Incentive System）を作るかということが重要になる。例えば，自動車保険の場合であれば，免責制度や無事故で契約を満了したときには，次回以降保険料が安くなるというようなインセンティブの付与が考えられる。このように，インセンティブのしくみをうまく作ることが解決策となる。

演習問題

1．金融市場における情報の非対称性がもたらす問題について分析せよ。また，その問題を緩和するための対策を考えよ。
2．労働市場における情報の非対称性がもたらす問題について分析せよ。また，その問題を緩和するための対策を考えよ。
3．保険市場の選別について述べよ。
4．あなたが知っている評判の良い店をあげよ。
5．道徳的危険によって引き起こされたと考えられるような事件について述べよ。また，その対策を考えよ。

《引用・参考文献》

［1］ G. A. Akerlof: *"The Market for 'Lemons' : Quality Uncertainty and the Market Mechanism"*, The Quarterly Journal of Economics, Vol.84, No.3, pp.488-500, 1970

［2］ 佐々木宏夫『情報の経済学：不確実性と不完全情報』日本評論社，1991年

［3］ J. E. Stiglitz: *"The Efficiency Wage Hypothesis, Surplus Labour and the Distribution of Income in L.D.C.s."*, Oxford Economic Papers, Vol.28, No.2, pp.185-207, 1976

[4] M. Spence: *"Job Market Signaling"*, The Quarterly Journal of Economics, Vol.87, No.3, pp.355-374, 1973

あいまいさと情報
―ファジィ理論―

1. あいまいな情報

天下の台所といえば，大阪，その大阪の台所といえば黒門市場である。この黒門市場に，行列のできるコロッケ屋があるが，あるTV番組の中でそのコロッケ屋の店主と番組スタッフとの間で，次のような会話がやりとりされていた。

番組スタッフ「毎日すごいお客さんですね。」

店　主「おかげさまで。」

番組スタッフ「1日に揚げるコロッケの量は，たいへんな数でしょうね。」

店　主「そうですね。ただ，その日にどれだけの量を揚げればよいかは，経験と勘でだいたい予想がつきますからね。」

さて，この会話の中で，「経験と勘」という言葉が登場する。この経験と勘は，コンピュータでの取り扱いは難しく，従来からの科学では避けられてきた問題である。例えば，経験をコンピュータに理解させようとすれば，その経験をコンピュータが理解できるように記述しなければならない。コンピュータは，2値論理で構成されているため，明確に記述されたアルゴリズムであれば理解できるが，人間の経験は，明確な記述によって示されるものではなく，ほとんどの場合は，次のように不明確な記述となってしまう。

「今朝の空模様は，どんよりしていて，少し肌寒いが，午後からはお日様が顔を出して，暖かくなるだろうから，コロッケをたくさん揚げておこう。」

「どんよりしている空模様」，「少し肌寒い」，「暖かくなるだろう」，「たくさん揚げる」は，いずれも不明確であいまいな記述である。これを明確化するためには，「どんよりしている空模様」を「曇り」に，「少し肌寒い」を「気温 10 ℃」，「暖かくなるだろう」を「気温 25 ℃」，「たくさん揚げる」を「5,000 個揚げる」としても，うまくいきそうにない。なぜならば，天気には「曇り」，「ときどき曇り」，「薄曇り」，「曇り一時雨」などがあり，「曇り」と明確にしてしまえば，他の曇り空は一致しないことになる。また，少し肌寒い気温は「9 ℃」かもしれないし，「11 ℃」かもしれない。暖かい気温は，「24 ℃」かもしれないし，「26 ℃」かもしれない。「10 ℃」や「25 ℃」と明確にしてしまえば，他の近い気温では一致しないことになる。さらに，「たくさん揚げる」ことを「5,000 個」と明確にすれば，「4,999 個」揚げた場合と「5,001 個」揚げた場合は，一致しないことになってしまう。

このように，人間の思考は，明確な記述で表現することが難しく，あいまいさを伴う。しかしながら，このあいまいさを伴った表現は，人間どうしであれば理解することが可能である。したがって，人間には，機械にはない知的な情報活動が備わっていることになる。

ところで，人間のあいまいな知的情報活動には，複雑・大規模な対象から情報を取り入れる面と，この情報の処理との両面があり，いずれにおいてもあいまいさを伴う。図５－１にこの状況を示す。

これら両面においてあいまいさが入ってくるのは，複雑・大規模な対象から得られるべき多くの情報のうち，重要と思われる少数のものを選択し，かつこれらの情報について大まかな処理を施すことによるもので，

▼図5-1　人間の知的情報活動

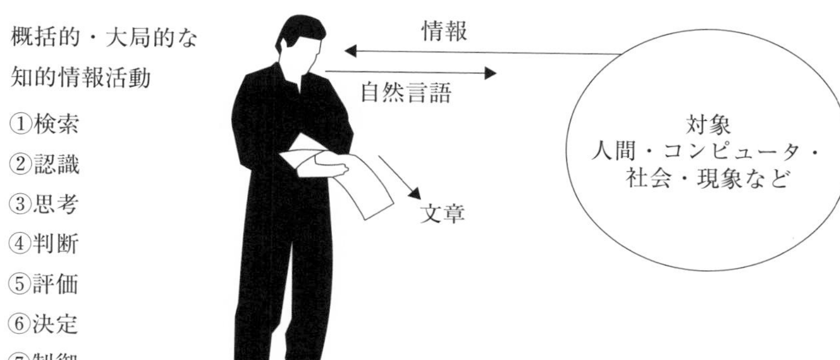

これらによって，限られた人間の知能を用いて，限られた時間内に，ある結果を出すことができる。この場合の処理結果には，情報検索や処理におけるあいまいさに見合う程度のあいまいさが含まれるのであって，これは当然のことである。

このようなあいまいさを取り扱う方法論として体系化されたものに，ファジィ理論がある[1][2][3]。

ファジィ理論は，ファジィ集合（Fuzzy Set），ファジィ論理（Fuzzy Logic），ファジィ測度（Fuzzy Measure）の3つの柱となる理論がある。ここでは，ファジィ集合論とファジィ論理を基礎とするファジィ推論（Fuzzy Reasoning）について取り上げる。

2. ファジィ集合論

ファジィ集合論は，1965年にカリフォルニア大学のザデー（Lotfi A. Zadeh）によって提案[4]された。

ファジィ集合論では，人間が言葉や文章で表現する情報の中にある種々のあいまいさを取り扱うことができ，これらをコンピュータに入力することが可能となる。例えば，人間の自然言語でよく用いられる形容詞や副詞としての「たいへん美しい」，「やや大きい」，「良い商品」など，あるいは「美人」，「老人」，「優等生」などの概念はいずれも明確に規定できず，個人的な主観でその認識が異なり，あいまいである。このような言語を数学的に表すために，従来の集合論［5］（カントール（Georg Cantor）によって創始された理論。ファジィ集合と区別するときは，クリスプ集合（Crisp Set）と呼ぶことがある）を拡張したファジィ集合論が体系化された。

従来の集合論では，例えば社会における老人の集まりを表すのに年齢を用い，図5－2（a）に示すように，年齢が60歳以上は老人，それ未満は老人でないなどと定量的に定義していたが（従来の集合論の定義からは，このような集合を取り扱うことはできないが，実際問題として，このような集合を取り扱うとするならばこのようになる），これでは現実にそぐわない。そこで，ファジィ集合論では，老人の程度を表すのにメンバシップ関数（Membership Function）を用い，0から1までの数値で表し，老人という概念を例えば図5－2（b）のように表現する。

これを数式で書くためには，図5－2（b）のグラフを，例えば，年齢x_i（0，10，20，30，40，50，60，70，80，90，100歳）のところでサンプリングして，“老人”の集合$\underset{\sim}{A}$（“～”はファジィ集合を示す）のメンバシップ関数$\mu_{\underset{\sim}{A}}(x_i)$を求め，次式によって表す。

$$
\begin{aligned}
\underset{\sim}{A} \Leftrightarrow \sum_{i=1}^{n} \mu_{\underset{\sim}{A}}(x_i) / x_i
&= 0/0 + 0/10 + 0/20 + 0.07/30 + 0.18/40 + \\
&\quad 0.4/50 + 0.7/60 + 0.85/70 + 0.92/80 +
\end{aligned}
$$

▼図5-2　老人の集合のメンバシップ関数

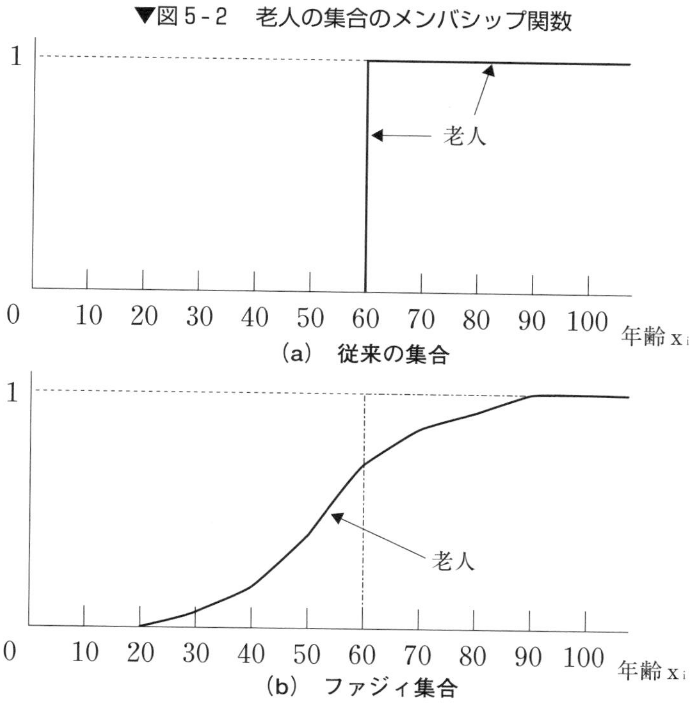

1.0/90 + 1.0/100

ファジィ集合とはこのようなメンバシップ関数で特徴づけられた集合で，ファジィ集合とメンバシップ関数とは1対1に対応する。従来の集合論では，特性関数（Characteristic Function）を用いて表されるが，メンバシップ関数は，特性関数を拡張したものとして解釈できる。ここで，"＋"は論理和の意味で加算ではなく，また $\mu_{\underset{\sim}{A}}(x_i)$ は x_i がファジィ集合 $\underset{\sim}{A}$ に属する度合（Grade；以下グレードと呼ぶ）を表し，0のところは省略することが多い。また，"/"は割り算を意味するのではなく，単に要素 x_i とグレード $\mu_{\underset{\sim}{A}}(x_i)$ とを対応させる記号である。

この式をみると，50歳は0.4，60歳は0.7，70歳は0.85の程度の老人であり，図５－２（a）の実線で示すように，従来の集合における，ある年齢で急に老人になる不合理性が解決される。もし，連続空間上でファジィ集合が定義される場合はメンバシップ関数も連続関数となる。

なお，以上のメンバシップ関数はある個人について計測したものであるから，人間が変われば少し変化する。

以上で，あいまいな人間の言語をメンバシップ関数で表し，コンピュータに入力できるわけであるが，次にコンピュータ内での演算の方法について述べる。この方法は，人間の知的活動を模擬しているものであり，演算はすべてメンバシップ関数で行われる。

(1) 形容の変換

例えば，図５－２（b）において，老人の集合を$\underset{\sim}{A}$とし，“どちらかといえば老人”という集合$\underset{\sim}{A}'$のメンバシップ関数は，$\underset{\sim}{A}$のメンバシップ関数の値を例えば0.5乗すればよく，また“かなり老人”という集合$\underset{\sim}{A}''$のメンバシップ関数は，$\underset{\sim}{A}$のメンバシップ関数の値を例えば２乗する（図５－３参照）。この場合，0.5や２という値は，メンバシップ関数の決定の場合と同様に，ある個人について計測するもので，人間が変われば少し変化する。

次頁の図５－３において，例えば，60歳の人間は，“老人”の集合に0.7，“どちらかといえば老人”の集合に0.84，また“かなり老人”の集合に0.5の程度でそれぞれ含まれていることを示していて，私たちの直観によく合っている。

(2) 論　理

従来の集合で用いられていた基本的な論理演算として，論理和，論理積，補集合があったが，これらをファジィ集合の場合に拡張することが

▼図5-3　老人の集合のメンバシップ関数（形容の変換）

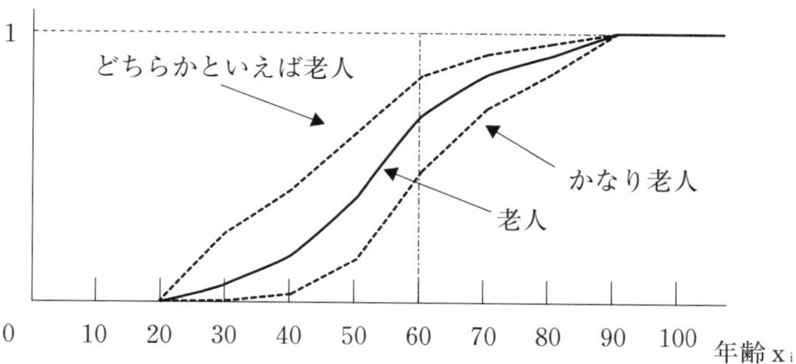

▼図5-4　従来の集合とファジィ集合の論理演算

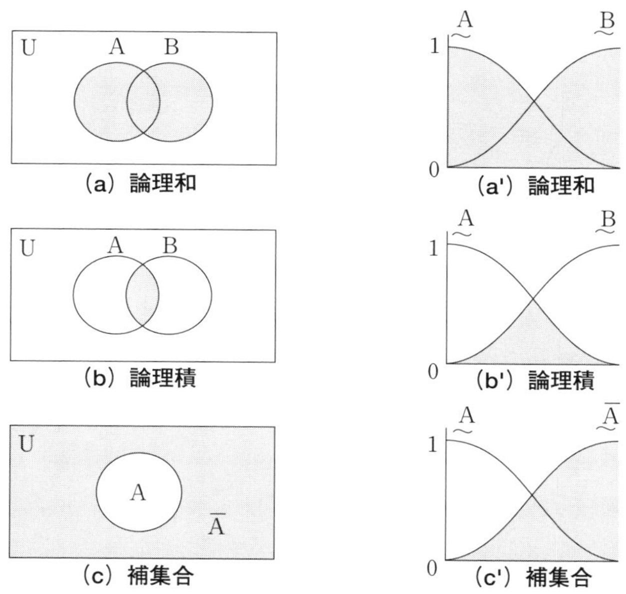

できる。いま，全体の集合をＵとして，これらの演算を図示すると，それぞれ図５－４の（a)，(b)，(c）となり，アミ部分が演算結果である。

ファジィ集合の場合には，メンバシップ関数について演算が行われ，次のように定義される。

① 論理和のメンバシップ関数

$$\mu_{\underset{\sim}{A} \cup \underset{\sim}{B}}(x) = max\{\mu_{\underset{\sim}{A}}(x), \mu_{\underset{\sim}{B}}(x)\}$$

② 論理積のメンバシップ関数

$$\mu_{\underset{\sim}{A} \cap \underset{\sim}{B}}(x) = min\{\mu_{\underset{\sim}{A}}(x), \mu_{\underset{\sim}{B}}(x)\}$$

③ 補集合のメンバシップ関数

$$\mu_{\underset{\sim}{\bar{A}}}(x) = 1 - \mu_{\underset{\sim}{A}}(x)$$

ここでmaxおよびminは，それぞれ$\mu_{\underset{\sim}{A}}(x)$と$\mu_{\underset{\sim}{B}}(x)$との大きい方および小さい方をとることを示している。①～③の演算を図示すると図５－４（a'），(b')，(c'）のようになる。いずれもアミ部分で示したものが演算結果であって，従来の集合の場合のアミ部分の演算結果と対比すれば，ファジィ集合演算は，従来の集合演算の拡張になっていることがよくわかる。

以上の演算方法は，３つ以上の集合についても同様に定義される。以下，ファジィ集合について議論していくため，本節で，通常の集合とファジィ集合を区別していた“～”は，用いないこととする。

3. ファジィ推論

一般に，「xはPである」という形式のものを命題（Proposition）といい，xを主語（Subject），Pを述語(Predicate)という。ここで，述語Pをファジィ集合Aとした，「xはAである」をファジィ命題という。例えば，「最高気温は30.7°Cである」，「来客数は332人である」などは，2値論理（Two-value Logic）における命題であり，「最高気温は31°C位である」，「来客数はおよそ330人である」などは，ファジィ論理におけるファジィ命題である。

また，ある事実（Fact）をもとにして他のことを推し量ることを，推論（Reasoning）という。特に，

規則：Aならば，Bである
事実：Aである
―――――――――――
結論：　　　　Bである

のような推論を，2値論理に基づく推論と呼ぶ。

一方，A，A'，B，B'を全体集合Xのファジィ集合とすると，

規則：xがAならば，yはBである
事実：xはA'である
―――――――――――――――
結論：　　　　yはB'である

は，ファジィ論理に基づくファジィ推論と呼ぶ。ここで，A'は，「およそ」や「やや」などの修飾語が付いたような状態を表し，Aとは完全に一致していない状況を表している。そして，それぞれのファジィ集合で表されるファジィ命題をそのまま同じ文字で書くことにすると，

規則： A ⇒ B

事実： A’

結論：　　　B’

となる。したがって，ファジィ推論では，A と A’が一致している必要はない。また，A’ = A，B’ = B ならば，

規則： A ⇒ B

事実： A

結論：　　　B

となる。これをモーダスポーネス（Modus Pones）という。

特に，A ⇒ B はファジィ規則（Fuzzy Rule;ファジィルール）と呼ばれ，x ∈ X の A におけるグレードに，y ∈ Y の B におけるグレードに対応させる規則である（x，y は，ファジィ集合であってもかまわない）。ファジィ規則の A は前件部，B は後件部と呼ばれる。そこで，A ⇒ B は X × Y における 1 つのファジィ関係，すなわち，全体集合 X × Y におけるファジィ集合と考えられる。メンバシップ関数は，任意の（x, y）∈ X × Y に対して，

$$\mu_{A \Rightarrow B}(x,y) = \mu_A(x) \rightarrow \mu_B(y)$$

で，演算「→」を含意（Implication）と呼ぶ。

ファジィ集合 A’を 1 つのファジィ関係とみると，結論 B’は 2 つのファジィ関係 A’と A ⇒ B を合成して得ることができる。すなわち，

$$\mu_{B'}(y) = \bigvee_{x} [\mu_{A'}(x) \wedge \{\mu_A(x) \rightarrow \mu_B(y)\}]$$

となる。なお，$a \vee b = \max\{a, b\}$，$a \wedge b = \min\{a, b\}$ を意味する。

世界で最初にファジィ制御を手がけたロンドン大学のマムダニ（Ebrahaim H. Mamdani）は，含意の定義［6］に，

$$(a \rightarrow b) = a \wedge b$$

を用いた。これは，2つのファジィ集合AとA'の交わりの高さ（適合度）で，ファジィ集合Bのメンバシップ関数をカットする。

さて，A_1，A_2，…，A_nは，全体集合Xにおけるファジィ集合，B_1，B_2，…，B_nは，全体集合Yにおけるファジィ集合，C_1，C_2，…，C_nは，全体集合Zにおけるファジィ集合とし，$x_0 \in X$，$y_0 \in Y$とする。

ファジィ規則1：A_1 かつ $B_1 \Rightarrow C_1$
ファジィ規則2：A_2 かつ $B_2 \Rightarrow C_2$
・・・・・・・・・・
ファジィ規則n：A_n かつ $B_n \Rightarrow C_n$
事　実　：x_0 かつ y_0
結　論　：C'

このような推論法を多重ファジィ推論と呼ぶ。ファジィ規則k：A_kかつ$B_k \Rightarrow C_k$と，事実：x_0かつy_0（ファジィ集合でもかまわない）から得られる推論結果C'_kは，規則kの前件部より$\mu_{Ak}(x_0)$と$\mu_{Bk}(y_0)$との小さい方（適合度と呼ぶ）をとって，マムダニの方法を用いると，$z \in Z$に対して，

$$\mu_{C'k}(z) = (\mu_{Ak}(x_0) \wedge \mu_{Bk}(y_0)) \wedge \mu_{Ck}(z)$$

となる（$k = 1, 2, \cdots, n$）。

この推論の結論：C'は，ファジィ規則1からファジィ規則nまでのいずれかが成り立っていればよいので，これらの和をとって，

$$C_1' \cup C_2' \cup \cdots \cup C_n' = C'$$

とすればよい。メンバシップ関数は,

$$\mu_{C'}(z) = \mu_{C1'}(z) \vee \mu_{C2'}(z) \vee \cdots \vee \mu_{Cn'}(z)$$

である。

多重ファジィ推論を，具体的な事象に応用した場合，結論として確定した値が必要となることがある（非ファジィ化（Defuzzification）と呼ぶ)。このような場合には，C'の重心

$$z_0 = \frac{\int z \cdot \mu_{C'}(z)\,dz}{\int \mu_{C'}(z)\,dz}$$

を利用することが多い。このような推論法を，min - max 重心法と呼ぶ。また，min の代わりに積算を，max の代わりに加算を用いる推論法を，積加算重心法と呼ぶ。

以上述べてきたことを，

ファジィ規則１：IF x is A_1 AND y is B_1 THEN z is C_1
ファジィ規則２：IF x is A_2 AND y is B_2 THEN z is C_2

を用いて，図示しながら考えてみよう。このファジィ規則は，図５－５のような前件部，図５－６のような後件部のメンバシップ関数で表されているとしよう。

ここに，x_0，y_0 が与えられて各ファジィ規則の適合度を各々 ω_1，ω_2 とすると，図５－７のようなファジィ推論プロセスとなる。

また，図５－８のように，x_0 の代わりにファジィ集合 A_0 が与えられ

▼図5-5　前件部のメンバシップ関数

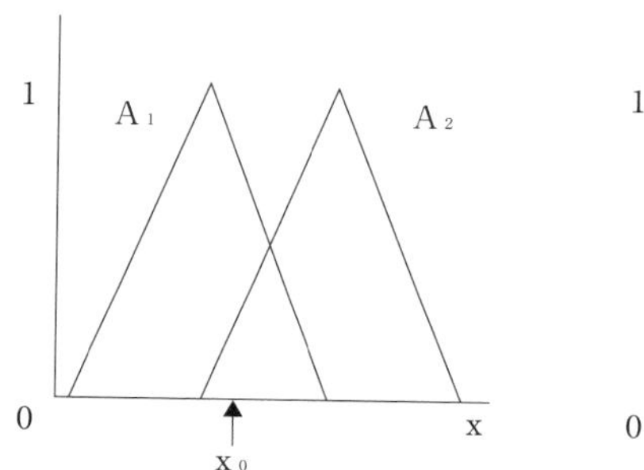

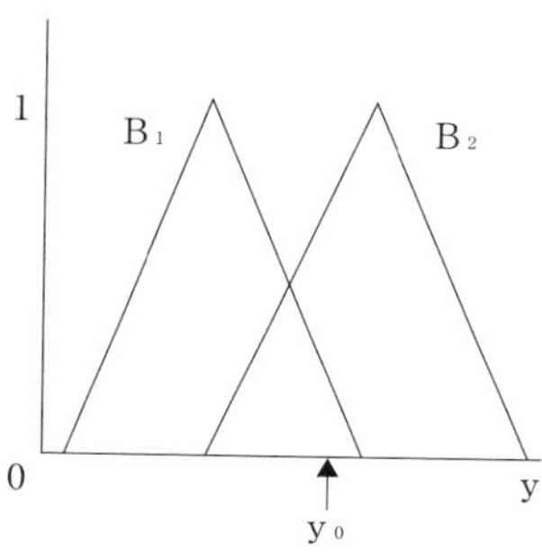

▼図5-6　後件部のメンバシップ関数

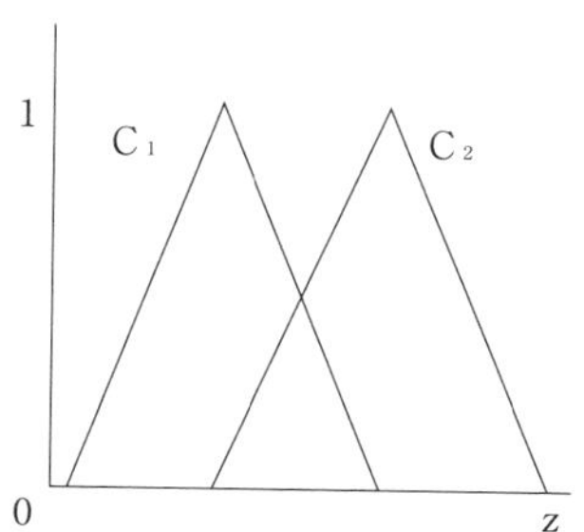

▼図5-7　ファジィ推論プロセス

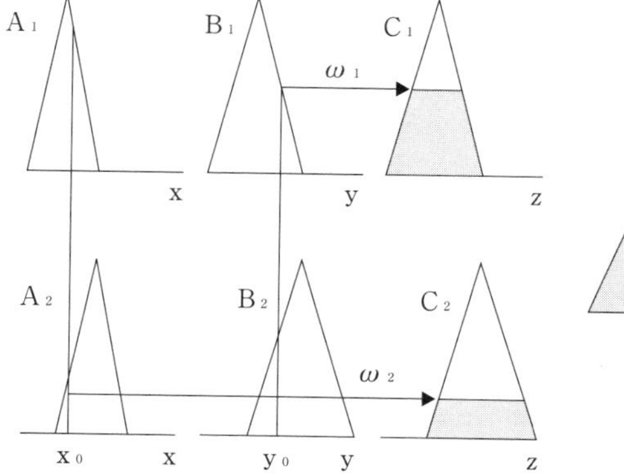

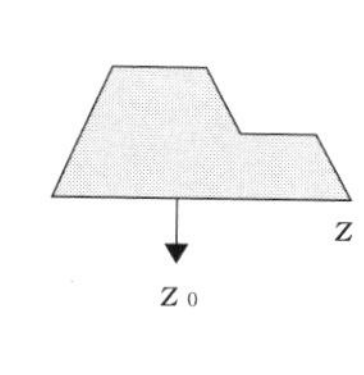

▼図 5-8　A_0 の適合度

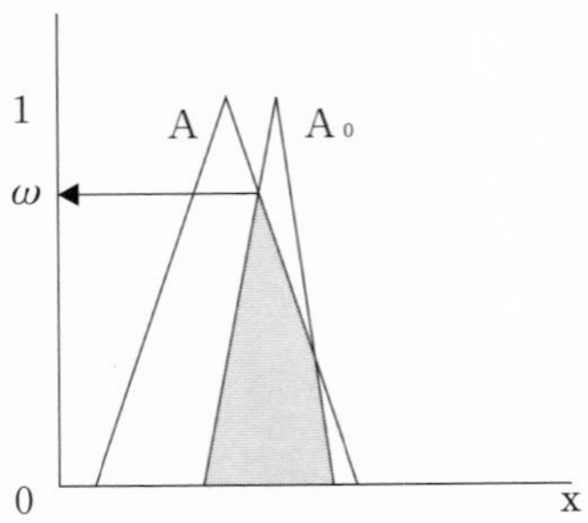

た場合は，適合度ωを次のようにすればよい。

$$\omega = \max_{x}[\mu_A(x) \wedge \mu_{A0}(x)]$$

なお，ファジィ推論法には，通常の多値論理にファジィネスを導入したファジィ論理に基づく推論法や，後件部に線形式を用いるものや，メンバシップ関数を簡略化したものもある [7]，[8]。

演習問題

1．背の高い人を表現するファジィ集合のメンバシップ関数を描け。

2．10 よりかなり大きな実数を表現するファジィ集合のメンバシップ関数を描け。

3．室温で，「暑い」，「快適」，「寒い」を表現する各ファジィ集合のメンバシップ関数を描け。

4．ファジィ集合 A を

$$\mu_A(x_i) / x_i = 0.2/0 + 0.4/10 + 0.6/20 + 0.8/30 + 1.0/40 + 0.8/50 + 0.6/60 + 0.4/70 + 0.2/80$$

ファジィ集合 B を

$$\mu_B(x_i) / x_i = 0.2/20 + 0.4/30 + 0.6/40 + 0.8/50$$

$+ 1.0/60 + 0.8/70 + 0.6/80 + 0.4/90 + 0.2/100$

とするとき，A ∩ BおよびA ∪ Bを求めよ。

5．ファジィ推論において，非ファジィ化を行う理由を述べよ。

6．図5－7を積加算重心法で表せ。

7．あなたの経験則から2入力1出力となる具体的なファジィ推論を考えよ。

8．仙台市営地下鉄の車両に採用されたファジィ制御について調べよ。

《引用・参考文献》

［1］ 寺野寿郎・浅居喜代治・菅野道夫編著『ファジィシステム入門』オーム社，1987年

［2］ 浅居喜代治編著『ファジィ科学－人間・社会・自然への応用－』海文堂出版，1994年

［3］ 水本雅晴『ファジィ理論とその応用』サイエンス社，1988年

［4］ L.A.Zadeh: *"Fuzzy Sets"*, Information and Control, Vol.8, pp.338-353, 1965

［5］ 辻正次『集合論』共立出版，1933年

［6］ E.H.Mamdani: *"Applications of Fuzzy Algorithms for Control of Simple Dynamic Plant"*, Proc. IEE, Vol.121, No.12, pp.1585-1588, 1974

［7］ 菅野道夫『ファジィ制御』日刊工業新聞社，1988年

［8］ 日本ファジィ学会編『ファジィ集合－講座ファジィ2巻』日刊工業新聞社，1992年

ファジィ推論による予測

1. 気象要因

5章1節で述べた黒門市場のコロッケ屋店主と番組スタッフの会話を思い出して頂きたい。コロッケ屋の店主は，経験と勘によって，毎日揚げるコロッケの量を推測していた。コロッケ屋店主の推測は，どのようにして行われているのであろうか。

通常，日々の売上に影響を与える要因としては，新聞，ラジオ，雑誌，TV，インターネットやDMなどによる広告，友人や知人，SNS（Social Networking Service）などによる評判，立地条件，競合店，接客サービスおよび店の雰囲気などの要因が考えられる。しかしながら，食品の売れ行き，スーパーマーケット，ファミリーレストランの客足など人間活動に対する気象の影響の解析および地上気温と500mb（1992年12月1日以降，気圧の単位は，mbからhPaに統一されている）高度偏差との関係の解析が報告されている[1]。

そこで，ファーストフード店，ファミリーレストランやフィットネスクラブなどの売上について，気象要因と関係があるのかを調査[2][3][4]した（調査対象は，いずれも郊外）。

まず，天候を「晴れ」，「曇り」，「雨」の3段階に分類し，これらと来客数や売上高に影響があるかを調べた。影響が見られれば，先の店主は，天候によって予測を立てていると考えられる。しかしながら，顕著に影響を与えているとの結論には達しなかった。

次に，気温に着目した。気温には，1日の「最高気温」，「最低気温」，「平均気温」がある。そこで，「最高気温」と「平均気温」，「気温差（最高気温－最低気温）」で，分析を試みると，いずれも来客数や売上高に影響を与えていることが明らかとなった。この分析では，1カ月の「最高気温」，「平均気温」を「高いグループ」，「中位のグループ」，「低いグループ」に，「気温差」を「大きいグループ」，「中位のグループ」，「小さいグループ」に分類して行った。特に「気温差」は，顕著に影響を与えていた。

このことは，非常に興味深いことを私たちに教えてくれる。先の店主が毎日気温を測っているとは思えないが，気温差であれば，肌で感じることができる。「過ごしやすい日」であるとか，「肌寒い」とか，「暑くてしかたがない」などは，明確な温度設定は難しいが，これまで過ごしてきた日々の中で，経験として蓄積されている。そして，このような体感は，時間とともに変化する気温によって生じるものであろう。つまり，過去に経験した体感温度をもとにして，現在感じている気温や天候の状態から，これから変化するであろう気温を予測して，短時間の間に，どれだけの量のコロッケを揚げればよいのかを推測していると考えられる。

また，日照時間について調査したところ，顕著に来客数や売上高に影響を与えていた。この他にも，湿度，気圧などの気象要因も来客数や売上高に影響を与えていた。これらのことは，店主がコロッケを揚げるために推測する要因には，先の気温以外に，日照時間や湿度，気圧などのさまざまな要因が関係して，それらを感じ（入力），短時間のうちに情報処理を行い（推論），予測（出力）につなげていると考えられる。気温，日照時間，湿度，気圧などは，すべて経験的に感じていることであり，その感じているものを用いて，勘を形成しているとすれば，勘による推測の精度が高いことにも納得がいくであろう。

なお，今回の調査では，平日（月～金）に対して検討しており，平日の曜日間で，来客数や売上高に影響は見られなかった。

2. ファジィ推論モデル

ここでは，5章3節で述べたファジィ推論を用いて，需要を予測するファジィ推論モデルの構築について述べる。簡略化のために，気象要因として「気温差」を取り上げ，気温差から来客数を予測するファジィ推論モデルを構築してみよう。なお，精度を上げるためには，気象要因を増やすことも考えられるが，この場合，気象要因間の相関関係も重要になり，例えば，気温差と日照時間に相関関係があれば，これらを同時に用いることは，避けた方がよい。ここでは，簡単な応用例として，気温差を用いた1入力1出力のファジィ推論モデルについて述べる。

ある期間の気温差と来客数との関係が，次頁の表6－1のようであったとする。

表6－1から，気温差が3.1°C～15.0°Cまでの範囲で変化しているため，これを（3.0°C以上）7.0°C未満の気温差の「小さいグループ」，7.0°C以上11.0°C未満の気温差の「中位のグループ」，11.0°C以上（15.0°Cまで）の気温差の「大きいグループ」に分類し，以下，「小さいグループ」は，気温差が小，「中位のグループ」は，気温差が中，「大きいグループ」は，気温差が大とする。これらの分類された気温差において，平均来客数との関係を表したものが表6－2である。

そして，次のようなファジィ推論ルールを作成する。

▼表6-1　ある期間の気温差と来客数

日付	曜日	気温差（°C）	来客数（人）	日付	曜日	気温差（°C）	来客数（人）
1	月	10.2	314	15	月	9.1	295
2	火	5.1	206	16	火	3.1	216
3	水	9.0	304	17	水	3.1	233
4	木	7.8	278	18	木	4.6	260
5	金	12.4	262	19	金	8.3	286
8	月	13.1	288	22	月	11.2	310
9	火	10.3	263	23	火	12.0	270
10	水	13.4	260	24	水	5.4	244
11	木	15.0	264	25	木	4.3	250
12	金	12.2	268				

▼表6-2　気温差と平均来客数の関係

	気温差が小	気温差が中	気温差が大
平均来客数	234.8	292.9	268.7

ファジィ規則1：IF　気温差が小　THEN　客数は少ない

ファジィ規則2：IF　気温差が中　THEN　客数は多い

ファジィ規則3：IF　気温差が大　THEN　客数は普通

なお，最高気温や最低気温，日照時間などに関する情報は，インターネットや気象予報で比較的容易に入手することができるため，これらのデータからモデルが構築されれば，需要予測を容易に行うことができそうである。

さて，この場合，問題となるのはメンバシップ関数の同定である。前件部については，気温差が3.0°C～7.0°Cの気温差が小のファジィ集合，気温差が7.0°C～11.0°Cの気温差が中のファジィ集合，気温差が11.0°C～15.0°Cの気温差が大のファジィ集合と分類されているため，気温差が小，気温差が中，気温差が大の各々のメンバシップ関数は，図6－1のようになる。

後件部は，表6－2より気温差が小のとき，気温差が中のとき，そして気温差が大のときの各々の来客数の平均値の点推定を中心値にして，

▼図6-1　前件部のメンバシップ関数

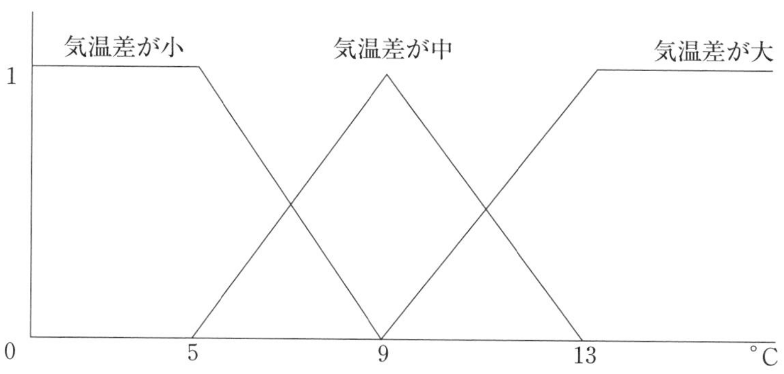

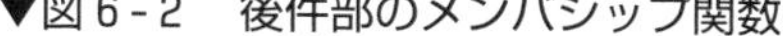
▼図6-2　後件部のメンバシップ関数

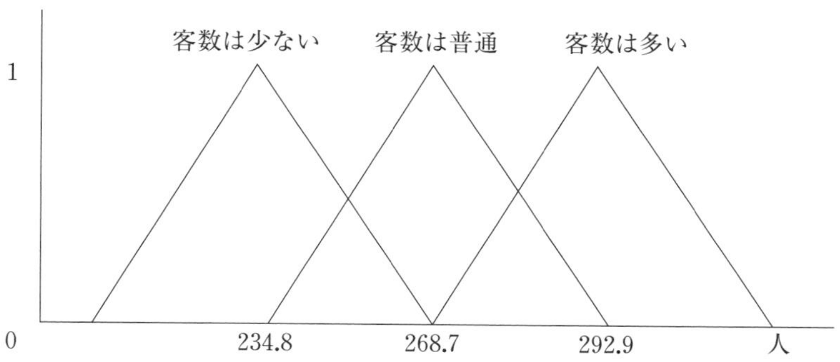

▼図6-3　ファジィ推論プロセス

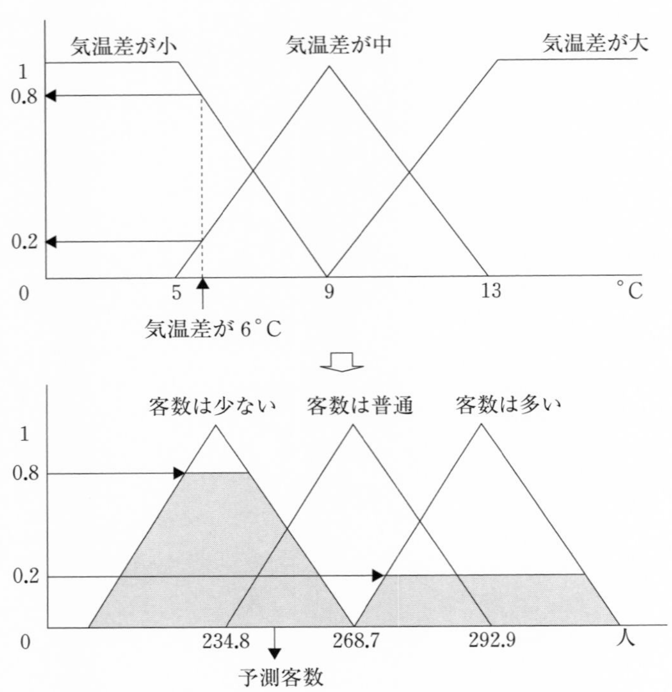

図6－2のようなメンバシップ関数となる。

5章で述べたように，前件部に実際の気温差が与えられた場合，図6－3のようなファジィ推論プロセスを経て，来客数の予測値が得られる。

以上のようにして，ファジィ推論を用いた客数の予測が行える。

3. ファジィ推論の利点

ここでは，ファジィ推論の利点についてまとめておく。前節で述べたファジィ推論モデルでは，簡略化のために１入力１出力のモデルを作成することにより予測を行った。予測の方法としては，従来から回帰分析などが利用されているが，回帰分析に代表されるデータ処理方法は，客観的なデータを用いる。例えば，前節であれば，表6－1の19×2のデータを利用することで，分析を行う。これに対して，ファジィ推論では，前件部に３つのメンバシップ関数，後件部に３つのメンバシップ関数を用いることによって，推論が行われる。これは，非常に少ないデータで，精度の高い予測が行えるファジィ推論の利点である。また，このファジィ規則もIF－THEN形式であり，人間の言葉での対応が容易であるため，誰もが作成できるという利点がある。

したがって，ファジィ推論は，人間の知的な情報処理に似た推論を行っているのであって，それは，人間の情報処理が，複雑な計算を行っているのではなく，大まかな計算であっても，かなりの情報処理能力を有することを表しており，知的情報処理と考えて良いであろう。

しかしながら，ファジィ推論などでは，メンバシップ関数の形状を決めることの問題が発生する。より的確な（精度の高い推論を行うための）メンバシップ関数に同定することを，チューニング（Tuning）と呼ぶ。このチューニングには，例えばニューラルネットワーク（Neural Network）を用いるチューニング方法などがある。ニューラルネットワークとは，人間の脳の構造をまねて作った情報処理機構で，人間の脳は，「ニューロン（Neuron）」と呼ばれる神経細胞の組み合わさった構造（神経回路網）で構成されている。この構造をまねることで，人間の得意とするような，パターン認識や，連想記憶などの処理を効率良く行うことができる。ニューロンは，入力の和がしきい値を超えると出力する（発火）。このニューロンをたくさん組み合わせて，ニューロン間の接続に重みを付加することで情報処理を行う。ニューロンの学習はこの重みを変化させることによって学習を行う。このような方法を用いれば，的確なメンバシップ関数のチューニングが可能となる。

また，メンバシップ関数には，頑健性（Robustness）という特徴があり，ファジィ推論においても，この頑健性は利点として働いている。

演習問題

1．消費者の購買行動には，どのような要因が考えられるか。
2．予測を行う手法について調べよ。
3．表6－1のデータを用いて回帰分析を行え。
4．気温と湿度を入力とし，売上高を出力とするようなファジィルールを作成せよ。
5．メンバシップ関数を同定するための方法について調べよ。
6．ファジィ制御について調べよ。

《引用・参考文献》

［1］ 柳原一夫「ファジィ測度による多変量解析とその気象への応用」天気，Vol.38，No.6，pp.381-388，1991年

［2］ 古殿幸雄「マーケティング・リサーチにおける感性的要因の考察」福山平成大学経営学部紀要，第4号，pp.17-27，1999年

［3］ 古殿幸雄「気象データを用いる売上予測ファジィ推論」福山平成大学経営学部紀要，第6号，pp.19-36，2001年

［4］ 古殿幸雄・西本正博「気象データを用いる需要予測ファジィ推論モデル」大阪国際大学紀要国際研究論叢，第17巻，第1号，pp.95-112，2003年

不確実性と情報 —期待効用理論—

1. 不確実性の下での意思決定

1978年にアメリカの経済学者ガルブレイス（John K. Galbraith）の著書［1］が，ベストセラーになり，この本の題名から，「不確実性の時代」が当時の流行語となったが，不確実性の時代は，現在も的確に表している言葉である。例えば，2001年9月11日のアメリカにおける同時多発テロに象徴されるような国際テロ組織，未知の伝染病，それに地球規模の異常気象，2011年3月11日の東日本大震災，2020年世界保健機関（World Health Organization; WHO）によりパンデミック（Pandemic）宣言されたコヴィッド19（COVID-19）など未知の巨大リスクが続々と登場し，次はどのような問題が起こるのか，予測もつかない。このような不確実性の時代の中で，私たちは，さまざまな意思決定を迫られている。

通常，意思決定は，「限られた行動の選択肢（代替案）の中から最も好ましい結果をもたらす行動を選ぶこと」であると考えられている。すなわち，ある行動には結果が伴い，この結果が1つに定まるときは，不確かさはなく，1対1に定まる行動と結果の中で，最も好ましい結果をもたらす行動を選べばよいことになる。例えば，10万円を投資する行動には，必ず20万円が回収できる結果があり，5万円を投資する行動には，必ず5.5万円が回収できる結果があれば，10万円を投資するか，5万円を投資するかは，20万円が回収できるか，5.5万円が回収できるかの結果を比べて，最も好ましい結果をもたらす行動を選ぶことになる。

しかしながら，10万円を投資する行動には，3年後に20万円を回収できる結果と，1年後に5万円を回収できる結果の2つの可能性があることになれば，「最も好ましい結果」は，簡単に判断することはできない。さらに結果にもっと多くの可能性があれば，不確かさは増していくことになり，「最も好ましい結果」を選ぶことはたいへん難しくなってしまう。

したがって，不確実性の下での意思決定は，複数の可能性のある結果をもたらす行動の中から，「最も好ましい結果」を選ぶための方法について考えていかなければならない。そして，この方法は，「不確実性の下での意思決定」を「最も好ましいくじを選択するという問題」に置きかえて議論を行う。

2. くじ選択問題

あなたは，100枚のくじの中から1枚を選ぶことができる。くじ（Lottery）にはそれぞれ賞品があり，どの賞品が当たるかは，くじを引いてみないとわからない。しかしながら，100枚の中で，どの賞品が当たるくじが何枚入っているかの情報は得られているとする。

問1 次のようなaとbの2つのくじがある。直感的にあなたはどちらのくじを選ぶか。

a			
	賞品	100 万円	－ 20 万円
	枚数	40 枚	60 枚

b			
	賞品	80 万円	－ 30 万円
	枚数	40 枚	60 枚

あなたの答えは，くじ（　　）を選ぶ。

そのくじを選んだあなたの理由：＿＿＿＿＿＿＿＿＿＿＿＿＿＿＿＿

＿＿＿＿＿＿＿＿＿＿＿＿＿＿＿＿＿＿＿＿＿＿＿＿＿＿＿＿＿＿

＿＿＿＿＿＿＿＿＿＿＿＿＿＿＿＿＿＿＿＿＿＿＿＿＿＿＿＿＿＿

問2　次のようなａとｃの２つのくじがある。直感的にあなたはどちらのくじを選ぶか。

a			
	賞品	100 万円	－ 20 万円
	枚数	40 枚	60 枚

c			
	賞品	100 万円	－ 20 万円
	枚数	60 枚	40 枚

あなたの答えは，くじ（　　）を選ぶ。

そのくじを選んだあなたの理由：＿＿＿＿＿＿＿＿＿＿＿＿＿＿＿＿

＿＿＿＿＿＿＿＿＿＿＿＿＿＿＿＿＿＿＿＿＿＿＿＿＿＿＿＿＿＿

＿＿＿＿＿＿＿＿＿＿＿＿＿＿＿＿＿＿＿＿＿＿＿＿＿＿＿＿＿＿

さて，問１では，くじａとくじｂでは，くじａの方が，得をする金額も損をする金額もくじｂよりも常に有利であるから，くじａを選択することが，最も好ましい結果を得ることである。

また，問２では，賞品の額は同じであるが，くじａよりもくじｃの方が，得をする金額を得る確率が高くなるので，くじｃを選択することが，最も好ましい結果を得ることである。このように，結果の値か確率のどちらかを比較することは，容易なことであるが，どちらも異なれば比較は難しくなる。

そこで，結果の値も確率もともに異なる２つのくじを比較する場合，平均の値を見てどちらが有利であるかを判断する方法がある。これは，４章でも述べた期待値という考え方で，次の式によって計算することができた。

期待値＝Σ（賞品の金額×確率）

そして，期待値が高い方が有利であると考えて，期待値の高いくじを選べばよいことになるが，次の場合はどうであろうか。

問３　次のようなＡとＢの２つのくじがある。直感的にあなたはどちらのくじを選ぶか。

A			
	賞品	80 万円	− 20 万円
	枚数	40 枚	60 枚

B			
	賞品	100 万円	10 万円
	枚数	10 枚	90 枚

あなたの答えは，くじ（　　）を選ぶ。

そのくじを選んだあなたの理由：＿＿＿＿＿＿＿＿＿＿＿＿＿＿＿＿

＿＿＿＿＿＿＿＿＿＿＿＿＿＿＿＿＿＿＿＿＿＿＿＿＿＿＿＿

＿＿＿＿＿＿＿＿＿＿＿＿＿＿＿＿＿＿＿＿＿＿＿＿＿＿＿＿

では，問３の期待値を求めてみよう。

Aの期待値は，

80万円×0.4＋(－20万円)×0.6
＝32万円－12万円＝20万円

Bの期待値は，

100万円×0.1＋10万円×0.9
＝10万円＋9万円＝19万円

となり，期待値は，くじAの方が高い。したがって，期待値が高い方が有利であると考えて，期待値の高いくじを選べばよいというルールに則れば，くじBよりもくじAを選ぶことになる。しかしながら，くじAよりもくじBの方を選ぶ人もいるだろう。このことは，次節の知識を持てば，くじBの方を選んだ人の考え方が説明できる。

3．期待効用仮説

人がさまざまな対象（事物，人物，くじ…など）に対して抱く好き嫌いの感情のことを，それらの対象に対する各人の選好（Preference）という。この選好をもとにして，より好まれる対象にはより大きな数を割り当て，同じ程度に好まれる対象には同じ数を割り当てる，という原則にしたがって人々の選好を数の大小関係で表した指標を，効用指標（Utility Index）と呼ぶ。

2節の問3の場合，100万円，80万円，10万円，－20万円という4種類の賞品が用意されている。最も好ましいのは100万円の賞品であり，最も好ましくないのは，－20万円の賞品であることがわかる。これらの効用指標を順にu(100)，u(80)，u(10)，u(－20)とすれば，

u(100) ＞ u(80) ＞ u(10) ＞ u(− 20)

という選好関係が成り立つであろう。なお，u(x) のように，効用指標を関数の形で表すことにし，今後は，効用関数（Utility Function）と呼ぶことにする。関数として扱うことに関しては，4 節で検討することにする。

この効用関数と確率を用いて（先の期待値の賞品の額の代わりに効用関数を用いれば）求められる効用関数の期待値，

Σ(効用関数×確率)

を期待効用（Expected Utility）と呼ぶ。

さて，効用関数はどのようにして求めればよいのであろうか。この効用関数は，上手に選ばなければならない。そこで，最も好ましい効用関数 u(100) を最大値の 1 とし，最も好ましくない効用関数 u(− 20) を最低値の 0 としておけば，その満足の度合いによって，0 〜 1 までの数値を割り当てることができそうである。例えば u(80) = 0.95，u(10) = 0.45 としてみよう。このとき，

A の期待効用は，

u(80) × 0.4 + u(− 20) × 0.6
= 0.95 × 0.4 + 0 × 0.6 = 0.38

B の期待効用は，

u(100) × 0.1 + u(10) × 0.9
= 1 × 0.1 + 0.45 × 0.9 = 0.505

となり，期待効用の値は，くじBの方が高くなる。そこで，期待効用値が高い方が有利であると考えて，期待効用値の高いくじを選べばよいというルールを適用すればよいことになる。これを期待効用最大化の原理[2]と呼ぶ。すなわち，期待効用を最大にするくじを選べばよいので，くじBを選んだ人の説明がつく。

しかしながら，この原理には，いくつかの反論もあり，期待効用最大化の原理は，破綻したとさえいわれている。そのため，有力な原理ではあるが，仮説の域を脱してはいないという理由から期待効用仮説(Expected Utility Hypothesis) と呼ばれている。

また，期待効用を計算する場合，効用関数の値によって，結果が大きく異なってくる。そこで，上手に選ばれた効用関数を，期待効用関数(Expected Utility Function) と呼ぶ[3]ことにし，次節で期待効用関数について検討してみよう。

4．期待効用関数

ここでは，期待効用関数の形について考える。そのために，2節で考えた問3を思い出して頂きたい。

問3　次のようなAとBの2つのくじがある。直感的にあなたはどちらのくじを選ぶか。

A	賞品	80万円	－20万円
	枚数	40枚	60枚

B	賞品	100万円	10万円
	枚数	10枚	90枚

あなたの答えは，くじ（　　）を選ぶであった。

このとき，くじＡを選ぶ人は，期待値から考えて，くじＢよりも期待値の大きなくじＡを選んだと考えることができるが，くじＢを選んだ人は，期待効用から考えて，くじＡよりも期待効用値の大きなくじＢを選んだと考えることができるということであった。

しかしながら，くじＡを選ぶ人に対しても，くじＢよりもくじＡの方の期待効用値が大きくなったからくじＡを選んだと考えることができる。例えば，$u(80) = 0.95$，$u(10) = 0.25$ としてみよう。このとき，

Ａの期待効用は，

$$u(80) \times 0.4 + u(-20) \times 0.6 = 0.38$$

Ｂの期待効用は，

$$u(100) \times 0.1 + u(10) \times 0.9$$
$$= 1 \times 0.1 + 0.25 \times 0.9 = 0.325$$

となることからくじＡを選んだ人も期待効用値を用いて説明することができる。

これは，期待効用関数が，人によって異なる形をとり，問３では，賞品10万円の効用が高い人ほどその値は大きな値（例えば0.45）となり，賞品10万円の効用が低い人ほどその値は小さな値（例えば0.25）となる。すなわち，その人の期待効用関数の形によって，期待効用の値が異なることを意味する。

では，次のようなくじを考えてみよう。

くじ１：確率１で，10,000円が得られる。

くじ2：確率0.999で，10,010円が得られ，確率0.001で，10円が得られる。

このくじでは，期待値がいずれも10,000円であるが，ほとんどの人は，くじ1を選ぶであろう。しかしながら，くじ2を選ぶ人もいる。そして，期待値が同じ場合は，値のばらつきの程度をみて，その人の危険（risk；以下，リスクと呼ぶ）に対する態度を考えることができる。値のばらつきを表す指標としては，分散を計算することによって検討することができる。

$$分散 = \Sigma\{(賞品の金額 - 期待値)^2 \times 確率\}$$

くじ1の分散は，

$$(10{,}000 - 10{,}000)^2 \times 1 = 0$$

くじ2の分散は，

$$(10{,}010 - 10{,}000)^2 \times 0.999 + (10 - 10{,}000)^2 \times 0.001$$
$$= 99.9 + 99{,}800.1 = 99{,}900$$

そして，期待値が同じ場合に，分散の小さなくじを選ぶ人は，リスク回避的（Risk Averse），分散の値に関心がない人は，リスク中立的（Risk Neutral），分散の大きなくじを選ぶ人は，リスク愛好的（Risk Loving）であるといえる。

このことを踏まえて，図7－1のような，上に凸な形の期待効用関数の人について考えてみよう。

期待効用関数が，上に凸な形の人は，横軸のリスクが大きくなる（賞品の額が上がる）に従って，効用の上がり方が鈍くなる。これは，リス

▼図7-1　上に凸な期待効用関数

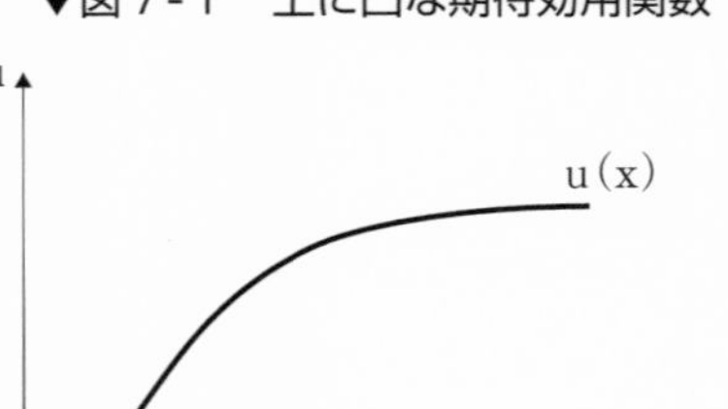

▼図7-2　くじBを選んだ人の期待効用関数

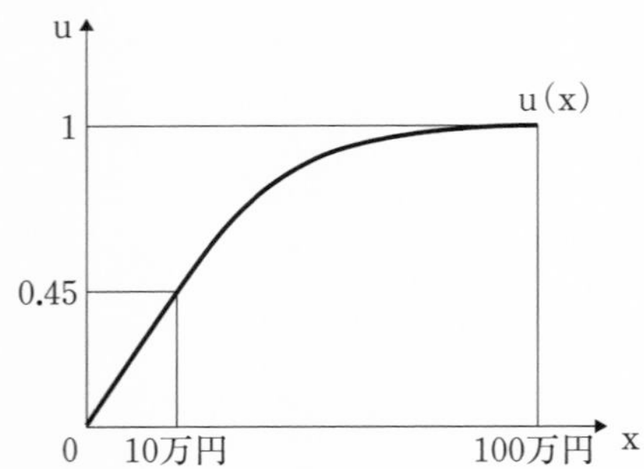

▼図7-3　下に凸な期待効用関数

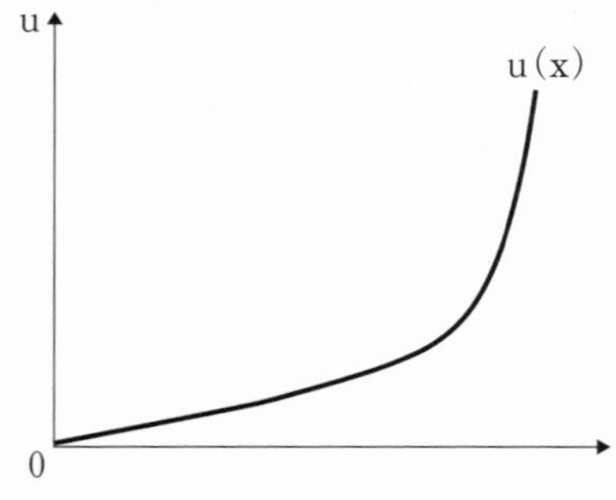

▼図7-4　くじAを選んだ人の期待効用関数

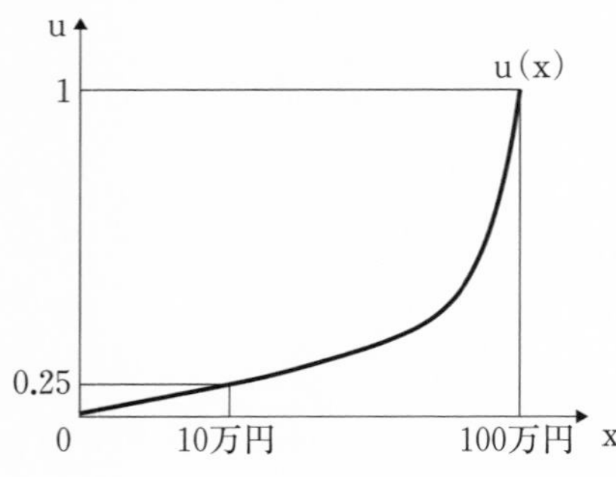

▼図7-5　リスク中立的な期待効用関数

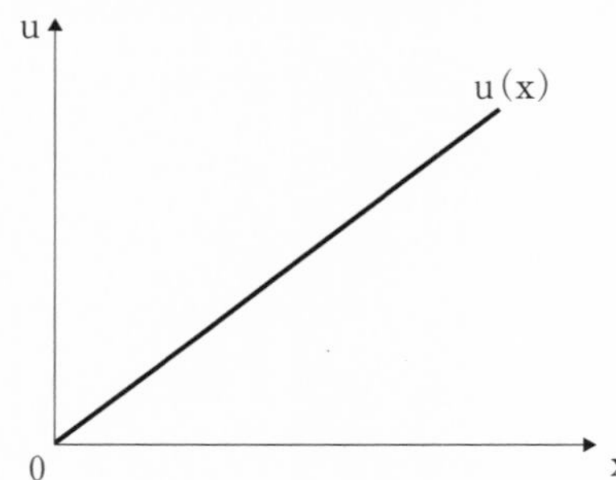

クを嫌い回避的な行動をとることを表していると考えられる。したがって，リスク回避者（Risk Averter）は，上に凸な期待効用関数になる。例えば，図7－2は，問3で，くじBを選んだ人の期待効用関数であり，u(100)＝1，u(10)＝0.45となる。

では，図7－3のような下に凸な期待効用関数は，どうであろうか。

期待効用関数が，下に凸な形の人は横軸のリスクが大きくなる（賞品の額が上がる）に従って，効用の上がり方が激しくなる。これは，リスクが大きくなればなるほど，効用が大きくなることであり，リスク愛好的な行動をとることを表していると考えられる。したがって，リスク愛好者（Risk Lover）は，下に凸な期待効用関数になる。例えば，図7－4は，問3で，くじAを選んだ人の期待効用関数であり，u(100)＝1，u(10)＝0.25となる。

では，リスク中立的な期待効用関数は，どのような形になるのであろうか。これは，図7－5のような直線で表される期待効用関数となる。このような期待効用関数の人は，リスクに対して無頓着な態度を表しているといえる。

5．アレのパラドックス

アレ（Maurice Allais）のパラドックス［4］について考えるために，2節で考えたくじの問題，すなわち，「あなたは100枚のくじの中から1枚を選ぶことができる。くじにはそれぞれ賞品があり，どの賞品が当たるかは，くじを引いてみないとわからない。しかしながら，100枚の中で，どの賞品が当たるくじが何枚入っているかの情報は得られている」ことから始めよう。

問 4　次のようなC，D 2つのくじがある。直感的にあなたはどちらのくじを選ぶか。

C			
賞品	10万円	空くじ	
枚数	100枚	0枚	

D			
賞品	15万円	10万円	空くじ
枚数	10枚	89枚	1枚

あなたの答えは，くじ（　　）を選ぶ。

そのくじを選んだあなたの理由：＿＿＿＿＿＿＿＿＿＿＿＿＿＿＿＿

＿＿＿＿＿＿＿＿＿＿＿＿＿＿＿＿＿＿＿＿＿＿＿＿＿＿＿＿＿＿＿＿

＿＿＿＿＿＿＿＿＿＿＿＿＿＿＿＿＿＿＿＿＿＿＿＿＿＿＿＿＿＿＿＿

問 5　次のようなEとFの2つのくじがある。直感的にあなたはどちらのくじを選ぶか。

E		
賞品	10万円	空くじ
枚数	11枚	89枚

F		
賞品	15万円	空くじ
枚数	10枚	90枚

あなたの答えは，くじ（　　）を選ぶ。

そのくじを選んだあなたの理由：＿＿＿＿＿＿＿＿＿＿＿＿＿＿＿＿

＿＿＿＿＿＿＿＿＿＿＿＿＿＿＿＿＿＿＿＿＿＿＿＿＿＿＿＿＿＿＿＿

＿＿＿＿＿＿＿＿＿＿＿＿＿＿＿＿＿＿＿＿＿＿＿＿＿＿＿＿＿＿＿＿

私たちには，すでに，期待効用仮説という手法がある。では，問4の期待効用を求めてみよう。問4の場合，15万円，10万円，空くじという3種類の賞品が用意されている。最も好ましいのは15万円の賞品であり，最も好ましくないのは，空くじの賞品であることがわかる。これらの効用関数を順にu(15)，u(10)，u(空くじ) とすれば，

u(15)＞u(10)＞u(空くじ)

という選好関係が成り立つ。期待効用関数では，最も好ましい効用関数には1を，最も好ましくない効用関数には0を当てるため u(15) ＝1，u(空くじ) ＝0であるから，u(10) ＝αとしておこう。なお，0＜α＜1とする。

C	賞品	10万円	空くじ
	確率	1	0
	期待効用関数値	α	0

D	賞品	15万円	10万円	空くじ
	確率	0.1	0.89	0.01
	期待効用関数値	1	α	0

Cの期待効用は，

$$u(10) \times 1 + u(0) \times 0 = \alpha \times 1 + 0 \times 0 = \alpha$$

Dの期待効用は，

$$u(15) \times 0.1 + u(10) \times 0.89 + u(0) \times 0.01$$
$$= 1 \times 0.1 + \alpha \times 0.89 + 0 \times 0.01$$
$$= 0.1 + 0.89\,\alpha$$

となる。

問6　問5の期待効用を求めよ。

E	賞品	10万円	空くじ
	確率	0.11	0.89
	期待効用関数値	α	0

F	賞品	15万円	空くじ
	確率	0.1	0.9
	期待効用関数値	1	0

Eの期待効用は，

$u(10) \times 0.11 + u(0) \times 0.89$
＝（計算してみよう）

Fの期待効用は，

$u(15) \times 0.1 + u(0) \times 0.9$
＝（計算してみよう）

問7　あなたは，問4，問5で選んだくじについて，どのようなことを考えるだろうか。

アレは，このくじの賞品として，15万円ではなく，500フラン，10万円ではなく100フランとして，期待効用最大化の原理に反論した。筆者は，アレの時代の1フランを100～150円（時代的に考えれば，もっと相場は高く設定できるが）とはせずに，500フランの代わりに50万円を，100フランの代わりに10万円として，学生に対してどちらのくじを選ぶかを行ってきた（このときの結果に対しては，本節の後半で述べる）。その後，50万円を15万円に下げて学生に対してどちらのくじを選ぶかを行ってきたので，この金額で本書に掲載することにしている。

ここで，先ほど計算したC～Fの各くじの期待効用値を整理しておこう。

くじCの期待効用値：α

くじDの期待効用値：$0.1 + 0.89\alpha$

くじEの期待効用値：0.11α

くじFの期待効用値：0.1

期待効用最大化の原理に従えば，問4で，くじCを選んだ人は，問5では，くじEを，問4で，くじDを選んだ人は，問5では，くじFを選ばなければならない。なぜならば，くじCを選ぶことは，期待効用値が，くじDよりもくじCの方が大きく，すなわち，$\alpha > 0.1 + 0.89\alpha$であり，これは，$0.11\alpha > 0.1$と同値であり，これらの値は，問5の期待効用値に一致しているからである。また，くじDを選ぶことは，期待効用値が，くじCよりもくじDの方が大きく，すなわち，$0.1 + 0.89\alpha > \alpha$であり，これは，$0.1 > 0.11\alpha$と同値である。したがって，問4で，くじCを選んだ人は，問5では，くじEを，問4で，くじDを選んだ人は，問5では，くじFを選ばなければならない。

アレは，15 万円ではなく 500 フラン，10 万円ではなく 100 フランの賞品で，被験者に対して実験を行った結果，ほとんどの人が，問 4 では，くじ C を選び，問 5 では，くじ F を選ぶことを明らかにした。そして，このアレのパラドックスによって，期待効用最大化の原理は失墜してしまった。

ところで，筆者が，学生に示した問 4，問 5 の実験では，アレのパラドックスに反する結果が得られている。約 7 割の学生は，問 4 では，くじ D を選び，問 5 では，くじ F を選んだのである（少数ではあるが，問 4 では，くじ C を選び，問 5 ではくじ E を選んでいる）。そして，期待効用仮説の有用性を後押しする形となった。そこで，50 万円の賞品を 15 万円に下げれば，問 4 では，くじ C を選び，問 5 ではくじ F を選んでくれると期待し，実験を行ってみたが，予想に反し，やはり，期待効用仮説を後押しする形となっている。さらに，15 万円の賞品を 15,000 円に下げ，10 万円を 10,000 円に下げて行ってみたが，結果は同じであった。これは，最近の学生の意識が，アレの時代とは異なるためであると考えられる。しかしながら，このアレのパラドックスと同じ考え方で行われた次章で述べる実験では，実験結果と学生の結果とは同じ傾向が見られている。

演習問題

1．セント・ペテルスブルクのパラドックス

1 回目：公平なコインを投げて表がでれば 100 円が得られて，ゲームが終了する。裏がでれば 2 回目に挑戦できる。

2 回目：表がでれば，200 円が得られて，ゲームが終了する。裏ならば 3 回目に挑戦できる。

3 回目：表がでれば，400 円が得られて，ゲームが終了する。裏な

らば4回目に挑戦できる。

・・・・・・

このように，回を増すごとに，得られる金額が倍増するこのゲームの期待値を計算せよ。また，あなたはこのゲームに10,000円で参加できるとすれば，このゲームを行うか。

2．ある人の効用関数が $u(x) = x^2$ で表されている。公平なコインを投げて表がでれば10円が，裏がでれば30円が得られるゲームがある。このゲームの期待効用はいくらになるか。また，表がでれば15円が，裏がでれば25円が得られるゲームがある。このゲームの期待効用はいくらになるか。また，この人は，前者と後者のどちらのゲームを選ぶか。

3．ある人の効用関数が $u(x) = x^{1/3}$ で表されているとき，1/2の確率で100万円，1/2の確率で2700万円貰えるゲームがある。この期待効用を求めよ。また，この人は，このゲームの参加費がいくらであれば参加しても良いか。

4．就職活動中のあなたは，2つの会社A，Bから内定が得られている。会社Aは，年収500万円を確実に得られる堅実な企業であり，会社Bは，1/2の確率で年収300万円を，1/2の確率で年収700万円を得られるベンチャー企業である。効用関数を描きながら，どちらの会社に就職するかを答えよ。

5．リスクプレミアム

ある人の所得xに対する効用関数が $u(x) = x^{1/2}$ で表されているとき，この人の来年の所得は不確実で，1/2の確率で500万円の所得，1/2の確率で700万円の所得となる。このとき，以下の問いに答えよ。なお，$\sqrt{2} = 1.414$，$\sqrt{3} = 1.732$，$\sqrt{5} = 2.236$，$\sqrt{7} = 2.646$ を用い，小数点以下は第 1 位で四捨五入せよ。

① 期待所得を求めよ。

② 期待効用を求めよ。

③ 期待所得の効用とこの人の来年の期待効用を比較せよ。

④ ②で求めた期待効用に対応する所得額を求め，リスクプレミアムを計算せよ。

《引用・参考文献》

[1] ジョン・K・ガルブレイス著，都留重人監訳『不確実性の時代』TBS ブリタニカ，1978 年

[2] J.von Neumann and O.Morgenstern: *“Theory of Games and Economic Behavior”*, Princeton University Press, 1944

[3] 佐々木宏夫『情報の経済学：不確実性と不完全情報』日本評論社，1991 年

[4] M.Allais: *“Le Comportement de l’Homme Rationnel devant le Risque, Critique des Postulats et Axiomes de l’Ecole Americaine”*, Econometrica, Vol.21, pp.503-546, 1953

8章 プロスペクト理論

1. 行動経済学

2002年のノーベル賞は史上初の日本人ダブル受賞に沸いた。ノーベル物理学賞に小柴昌俊，ノーベル化学賞に田中耕一の両名である。ところで，この年のノーベル経済学賞はプリンストン大学のカーネマン（Daniel Kahneman）とジョージメーソン大学のスミス（Vernon L. Smith）の2教授が受賞した。カーネマン（行動経済学・認知心理学）の授賞理由は，不確実性の下での人間の判断など，心理学的研究を経済学に導入したことであった。行動経済学では，人間は不確実性下では合理的な判断をするとは限らないという前提で経済や金融をとらえようとする。カーネマンは，トヴェルスキー（Amos Tversky）とともにプロスペクト理論（Prospect Theory）や心理的会計（Mental Accounting）を唱えて行動経済学の基礎を確立した。当時は心理学者にノーベル経済学賞が授与されたと話題になった。

さて，7章で述べた期待効用仮説は，アレのパラドックスにあるように，人間の行動をうまく説明できない場合がある。アレのパラドックス以外にも，エルスバーグ（Daniel Ellsberg）の壺[1]などにより，期待効用仮説は，破綻したとまでいわれている。これは，現実の人間モデルが，非合理的な行動を起こすことに原因があり，これまでの理論で扱われた合理的な人間モデルの下で体系化されてきたためであると考えられる。

ここで，エルスバーグの壺について紹介しておこう。

いま，赤玉，黒玉，黄玉の3種類の玉がある。赤玉は30個，黒玉と黄玉は，合わせて60個である。これらを壺の中に入れてよくかき混ぜる。

このとき，あなたは，次の2つの選択肢のどちらを選ぶか。

選択肢1：赤玉を取り出すと1万円が得られる。
選択肢2：黒玉を取り出すと1万円が得られる。

あなたの選ぶ選択肢は（　　）。

では，次のような選択肢ではどうであろうか。

選択肢3：赤玉か黄玉を取り出すと1万円が得られる。
選択肢4：黒玉か黄玉を取り出すと1万円が得られる。

あなたの選ぶ選択肢は（　　）。

さて，多くの人は前者の設問では選択肢1を選び，後者の選択肢では選択肢4を選ぶであろう。これは，選択肢1では確実に30/90 = 1/3の確率で1万円が手にはいるのに対して，選択肢2では，黒玉の数が曖昧でわからない。また，選択肢4では，確実に60/90 = 2/3の確率で1万円が手にはいるのに対して，選択肢3では，黄玉の数が曖昧でわからないからである。しかし，選択肢1を選ぶことは，

赤玉の選択 ＞ 黒玉の選択

を意味し，選択肢4を選ぶことは，

黒玉の選択＋黄玉の選択 ＞ 赤玉の選択＋黄玉の選択
‖
黒玉の選択 ＞ 赤玉の選択

となってしまう。すなわち，選好が逆転してしまっている。

これは，人間は曖昧性が高くなるとそれを避けようとする効果が働くため，誤った判断をすることが多くなることから曖昧性の効果（Ambiguity Effect）と呼ばれている。本書では，5，6章で述べた“あいまい（Fuzziness）”と本章で述べる“曖昧（Ambiguity）”とは区別する意味で，ひらがなと漢字を用いることにする。

以下では，非合理的な人間モデルについて考え，アレのパラドックスのような選択問題から導かれたプロスペクト理論について述べる。

2. プロスペクト理論(1) ―価値関数―

プロスペクト（Prospect）とは，予測や見込みなどを意味するため，プロスペクト理論とは，見込み理論という意味になる。そして，この理論は，人々の行うくじ引きや投資行動など，結果が確実ではない，リスクの存在する場面において，そのリスクに対してどのような見込みを行い，どのような行動をとるかについて説明するモデルとして有効である。この理論は，カーネマンとトヴェルスキーによって編み出された。

この理論について考えるために，次のカーネマンとトヴェルスキーが行った実験（1979年）について考えることから始めよう[2]。

問1　次のような2つのギャンブルがある。あなたは，この2つのギャンブルの中から，1つのギャンブルを選ばなければならない。

ギャンブル A ： 100 %の確率で 30 万円を失う。
ギャンブル B ： 80 %の確率で 40 万円を失うが，20 %の確率で何も失わない。

あなたが選ぶのは，ギャンブル（　　）。
そのギャンブルを選んだあなたの理由：＿＿＿＿＿＿＿＿＿＿＿＿

＿＿＿＿＿＿＿＿＿＿＿＿＿＿＿＿＿＿＿＿＿＿＿＿＿＿＿＿＿＿

＿＿＿＿＿＿＿＿＿＿＿＿＿＿＿＿＿＿＿＿＿＿＿＿＿＿＿＿＿＿

問 2　次のような 2 つのギャンブルがある。あなたは，この 2 つのギャンブルの中から，1 つのギャンブルを選ばなければならない。

ギャンブル C ： 100 %の確率で 30 万円を得る。
ギャンブル D ： 80 %の確率で 40 万円を得るが，20 %の確率で何も得られない。

あなたが選ぶのは，ギャンブル（　　）。
そのギャンブルを選んだあなたの理由：＿＿＿＿＿＿＿＿＿＿＿＿

＿＿＿＿＿＿＿＿＿＿＿＿＿＿＿＿＿＿＿＿＿＿＿＿＿＿＿＿＿＿

＿＿＿＿＿＿＿＿＿＿＿＿＿＿＿＿＿＿＿＿＿＿＿＿＿＿＿＿＿＿

カーネマンとトヴェルスキーが行った実験では，問 1 では，ギャンブル A での期待損失は，30 万円× 1 ＝ 30 万円であり，ギャンブル B での期待損失は 40 万円× 0.8 ＋ 0 × 0.2 ＝ 32 万円であるため，リスクを意識しない人はギャンブル A を選択すると考えられるのに対して，92 %の人がギャンブル B を選ぶ結果が得られている。つまり，損失局面では，期待される損失を 2 万円分減らすよりも，「もしかしたら損失が 0 で済むのではないか」と考え，不合理にリスクを追い求める人が多いと言い換えることができる。

また，問２では，ギャンブルＣの期待利益は，30万円×１＝30万円であり，ギャンブルＤでの期待利益は40万円×0.8＋０×0.2＝32万円であるため，リスクを意識しない人はギャンブルＤを選ぶと考えられるのに対して，80％の人がギャンブルＣを選ぶ結果となっている。つまり，利得局面では，期待される利得のうち２万円分を放棄してまで現在の利得の確定を優先させるほど，リスク回避的な人が多いと言い換えることができる。

このように人間は，潜在的な利得に直面している場合はリスク回避的に，潜在的損失に直面している場合はリスク追求（Risk Seeking）（愛好）的になることがこの実験結果によって示唆される。なお，このように，利得の局面と損失の局面で，リスクに対する態度が逆転することを鏡像効果（Reflection Effect）と呼ぶ。

さて，７章で考えた効用関数の形で，リスク回避的な場合は，上に凸な関数，リスク愛好的な場合は，下に凸な関数であった。そこで，プロスペクト理論では，期待効用仮説の効用関数に対応するような価値関数（Value Function）v(x) が用いられる。この価値関数は，利得局面で

▼図８-１　価値関数

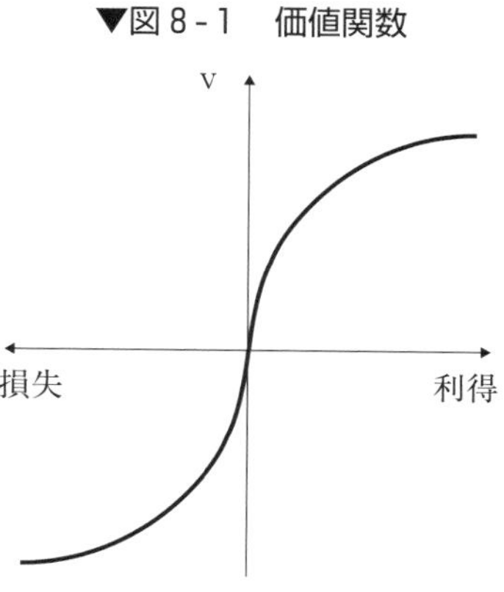

は上に凸な関数，損失局面では下に凸な関数と考えられるので，図８－１のようになる。

この価値関数には次のような特徴がある［3］,［4］。

(1) 参照点

参照点（Reference Point）は，価値の対象となる変数 x のある水準からの変化で，例えば，ギャンブルに参加するか否かの場合には，ギャンブル開始前のプラス・マイナス０円の状況であり，出発点，あるいは基準点となる。

(2) 損失回避

損失回避（Loss Aversion）は，人間の心理的な問題として，利得と同じ規模の損失であっても，損失の方が，利得よりも深刻に感じることである。例えば，100 円の利得を得たときの満足感よりも，100 円の損失を被ったときに失う損失感の方が大きいと感じることである。そして，この損失回避の特徴によって，参照点において屈折を示すことになる。なお，この損失を被ったときのダメージの大きさは，同額の利得よりも２～ 2.5 倍程度大きくなるといわれている。

(3) 感応度逓減

価値関数は，参照点を境目に，利得が増えれば増えるほど，それによって得られるプラスの価値も増え，また，損失が増えれば増えるほど，マイナスの価値が増える。しかし，その利得（または損失）の増加量と価値の増加量は比例関係ではなく，利得（または損失）の増加量に対するプラス（またはマイナス）の価値の増加量は，次第に小さくなっていく。これを感応度逓減（Diminishing Sensitivity）という。例えば，

1万円の利得（損失）を得た（被った）状態で，10円の利得（損失）の増加量を得た（被った）場合と，100円の利得（損失）を得た（被った）状態で，10円の利得（損失）を得た（被った）場合とでは，同じ金額であっても，価値は前者の方が小さくなる。

カーネマンとトヴェルスキーは，このような価値関数の形状を1981年に行った実験から発見している [5]。

次にこの実験について紹介しよう。

問3 アメリカ政府は今，600人が死亡すると予測される，異常なアジアからの伝染病の大流行に対する処置を準備している。そして，2つの対策が検討されている。あなたはどちらに賛成するだろうか。

この問題に対して，被験者を2つのグループに分け，最初の約半数のグループ（グループ1）には，次の選択肢が提示された。

（グループ1の人への選択肢）

対策1：プログラムAが採用された場合，200人の人が助かるだろう。

対策2：プログラムBが採用された場合，1/3の確率で600人全員が助かり，2/3の確率で600人全員が助からないだろう。

あなたが賛成するのは，プログラム（　　）。

その対策を選んだあなたの理由：＿＿＿＿＿＿＿＿＿＿＿＿＿＿＿＿

＿＿＿＿＿＿＿＿＿＿＿＿＿＿＿＿＿＿＿＿＿＿＿＿＿＿＿＿＿＿

＿＿＿＿＿＿＿＿＿＿＿＿＿＿＿＿＿＿＿＿＿＿＿＿＿＿＿＿＿＿

＿＿＿＿＿＿＿＿＿＿＿＿＿＿＿＿＿＿＿＿＿＿＿＿＿＿＿＿＿＿

＿＿＿＿＿＿＿＿＿＿＿＿＿＿＿＿＿＿＿＿＿＿＿＿＿＿＿＿＿＿

そして，残りの半数のグループ（グループ2）には，次の2つの選択肢が与えられた。

（グループ2の人への選択肢）

対策1：プログラムAが採用された場合，400人の人が死亡するだろう。

対策2：プログラムBが採用された場合，1/3の確率で誰も死亡せず，2/3の確率で600人全員が死亡するだろう。

あなたが賛成するのは，プログラム（　　）。
その対策を選んだあなたの理由：________________________________

____

____

____

____

さて，カーネマンとトヴェルスキーの実験では，グループ1の回答者158人のうち，76％がプログラムAを選び，24％がプログラムBを選ぶ結果が得られている。グループ1にとって，200人の生命が確実に助かるという予測は，同等の期待値を持ったリスク予測よりも価値が高かった。

一方，グループ2の169人の回答者のうち，13％がプログラムAを選び，87％がプログラムBを選ぶ結果が得られている。このグループは，選択肢の持つ確実性より，リスク性を好んだ。400人が確実に死亡するという予測は，同等の期待値を持った確率よりも魅力が薄かったのである。

つまり，「助かる」という表現によって，グループ1は「助かる」ことが判断の基準（参照点）となり，「死亡する」という表現によって，グループ2は「死亡する」ことが判断の基準（参照点）となっている。この基準により，「助かる」ことを重視するグループ1は，全員が助からない可能性があるというリスクのついているプログラムBではなく，よりリスクの低く感じられるプログラムAをより多くの人が選んだのである。すなわち，「利得の局面」を表現したのである。これを価値関数を用いて表せば，

$$v(200) > 2/3\,v(0) + 1/3\,v(600)$$

となる。

これに対し，「死亡する」ことを重視するグループ2は，確実に400人が死ぬプログラムAを避けて，全員死亡するかもしれないというリスクがついてはいるが「1/3の確率で誰も死亡しない」可能性のあるプログラムBを選んだ。すなわち，「損失の局面」を表現したのである。これを価値関数を用いて表せば，

$$v(-400) < 2/3\,v(-600) + 1/3\,v(0)$$

となる。これを先の価値関数の図で表せば，図8－2のように考えることができる。

ところで，この2つの設問は，AとBの2つのプログラムについて本質的には全く同じことを意味している。つまり，グループ1のプログラムAの期待生存者数は，200人×1＝200人，プログラムBの期待生存者数は，600人×1/3＋0人×2/3＝200人であり，グループ2のプログラムAの期待死亡者数は，400人×1＝400人（期待生存者数は600人－400人＝200人），プログラムBの期待死亡者数は，0人×1/3＋600人×2/3＝400人（期待生存者数は600人－400人＝200人）である。

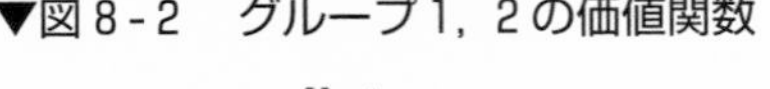
▼図 8-2　グループ1，2の価値関数

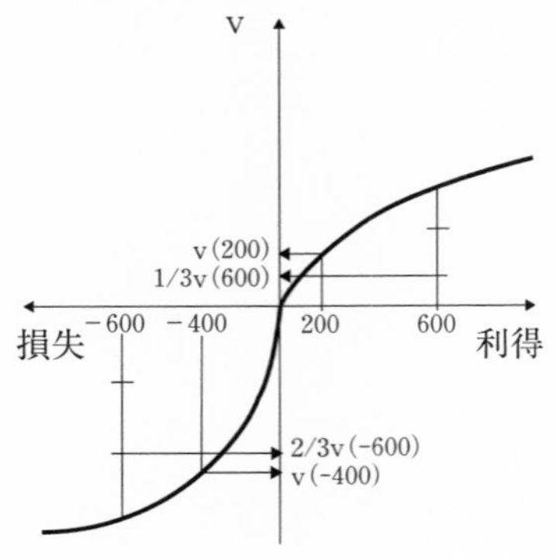

このように，全く同じ質問であっても，表現の違いによって判断の基準が全く異なり，結果も全く異なったものとなる。これをフレーミング効果（Framing Effect；枠づけ作用）と呼ぶ。すなわち，人間は何かを意思決定する場合に，その判断の基準となるポイントの位置づけを行うが，その判断の基準に影響を及ぼすものがこのフレーミングである。たとえ同じ事を決める時であっても，その判断基準が異なれば，決定も異なってくる。

3. プロスペクト理論(2) －ウェイト関数－

2節では，プロスペクト理論の価値関数について考えたが，ここでは，もう1つの柱であるウェイト関数（Weighting Function）（ウェイトづけ関数ともいう）について考えたい。話を簡単にするために，価値関数については無視しておく。そこで，カーネマンとトヴェルスキーが行った次の実験（1979年）について考えよう［2］。

問4　次のような2つのギャンブルがある。あなたは，この2つのギャンブルの中から，1つのギャンブルを選ばなければならない。

ギャンブルE：20％の確率で40万円を得るが，80％の確率で何も得られない。

ギャンブルF：25％の確率で30万円を得るが，75％の確率で何も得られない。

あなたが選ぶのは，ギャンブル（　　）。

そのギャンブルを選んだあなたの理由：＿＿＿＿＿＿＿＿＿＿

＿＿＿＿＿＿＿＿＿＿＿＿＿＿＿＿＿＿＿＿

＿＿＿＿＿＿＿＿＿＿＿＿＿＿＿＿＿＿＿＿

カーネマンとトヴェルスキーが行った実験では，65％の人がギャンブルEを選び，35％の人がギャンブルFを選ぶ結果が得られている。そこで，この結果を期待効用仮説で考えると，ギャンブルEの期待効用がギャンブルFの期待効用よりも大きなことより，

$$0.2 \times u(40) + 0.8 \times u(0) > 0.25 \times u(30) + 0.75 \times u(0)$$

となる。ここで，$u(0) = 0$とすると，

$$0.2 \times u(40) > 0.25 \times u(30)$$

となる。

ところで，2節で行った問2では，「ギャンブルC：100％の確率で30万円を得る。ギャンブルD：80％の確率で40万円を得るが，20％の確率で何も得られない。」に対して，80％の人がギャンブルCを選び，20％の人がギャンブルDを選んだので，これを期待効用仮説で考えると，ギャンブルCの期待効用がギャンブルDの期待効用よりも大きな

ことから,

$$1 \times u(30) + 0 \times u(0) > 0.8 \times u(40) + 0.2 \times u(0)$$
$$u(30) > 0.8 \times u(40)$$

であった。この式の両辺に 0.25 を掛けると,

$$0.25 \times u(30)) > 0.25 \times 0.8 \times u(40)$$
$$0.25 \times u(30) > 0.2 \times u(40)$$

を得る。これは,問 4 の期待効用仮説と相反する結果となっている。すなわち,期待効用という枠組みでは,全く同じリスクを示すギャンブルに対して,人間は異なる選択をしていることが示唆された。

カーネマンとトヴェルスキーは,このような実験結果をもとに,人間がギャンブルなどのリスクのある状況では,価値を評価する際に,個々の事象が起こる確率 p をそのまま受け取るのではなく,心理的な確率価値 π (p) に変換すると考えた。そして,これを用いて,人間の選好過程をとらえた。なお,π (p) は,ウェイト関数(あるいは,決定ウェイト(Decision Weight))と呼ばれ,この π (p) は,確率測度(Probability Measure)ではないので,π (p) + π (1 − p) は,しばしば 1 よりも小さくなることを示している。このウェイト関数を図 8 − 3 に示す。

ウェイト関数は,π (0) = 0,π (1) = 1 であるが,確率 p がおよそ 0.3 〜 0.45(図 8 − 3 は,0.4 となるときである)のときに,π (p) = p となり,次のような特徴を持っている。

① 確率 p = 1 から幾分下がるときには,π (p) < p
② 確率 p = 0 から幾分上がるときには,π (p) > p

▼図8-3 ウェイト関数

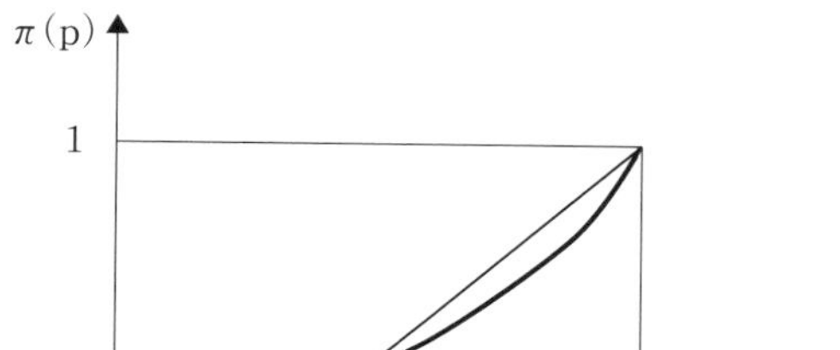

すなわち，確実に何か良いことが起こることがわかっている（p=1）ときに比べて，わずかな確率でその事象が起きない可能性がある場合には，その価値評価が下がり，逆に，確実に良いことが起きないことがわかっている（p=0）ときに比べて，わずかな確率でもその事象が起きる確率がある場合には，その価値評価が上がることを意味している。これを確実性効果（Certainty Effect）と呼ぶ。

なお，7章5節で述べたアレのパラドックス（くじCとくじDの選択および，くじEとくじFの選択）は，このウェイト関数によって説明可能である。くじDでは，確率p=0.01という非常に小さいがゼロではない確率で最悪の結果である「空くじを引く」という価値評価に大きな影響を与え，そのためくじCを選好させ，一方，くじEとくじFでは，確率p=0.11とp=0.10という0や1に近いかという尺度では極端な差ではないため，くじCとくじDとは異なる判断で選好していると考えられる。

次に，カーネマンとトヴェルスキーが行った次の実験（1979年）について考えよう [2]。

問5 あなたは，2段階の問題を行うことを想定しなさい。

まず最初の段階では，このギャンブルで，75％の確率で，あなたは何も得られない。そして，25％の確率で，次の段階に進むことができる。最終段階では，次の2つのギャンブルの中から，1つのギャンブルを選ばなければならない。

ギャンブルG：100％の確率で30万円を得る。
ギャンブルH：80％の確率で40万円を得るが，20％の確率で何も得られない。

あなたが選ぶのは，ギャンブル（　　）。
そのギャンブルを選んだあなたの理由：＿＿＿＿＿＿＿＿＿＿

＿＿＿＿＿＿＿＿＿＿＿＿＿＿＿＿＿＿＿＿

＿＿＿＿＿＿＿＿＿＿＿＿＿＿＿＿＿＿＿＿

カーネマンとトヴェルスキーが行った実験では，78％の人がギャンブルGを選び，22％の人がギャンブルHを選ぶ結果が得られている。

さて，この問題の最終段階は，2節の問2と全く同じである。2節の問2では，80％の人がギャンブルCを選び，20％の人がギャンブルDを選んだので，結果としては同じになっている。しかしながら，最初の段階で25％の確率で最終段階へ進めることを考慮すると，ギャンブルGは，25％×100％の確率で30万円を得る＝「25％の確率で30万円を得る」となり，ギャンブルHは，25％×80％の確率で40万円を得る＝「20％の確率で40万円を得る」となる。すなわち，問4のギャンブルFは，ギャンブルGと，ギャンブルEは，ギャンブルHと同じである。しかし，問4では，35％の人がギャンブルF（ギャンブルG）を選び，65％の人がギャンブルE（ギャンブルH）を選んだのであるから，この結果は，全く逆の選好をしていることがわかる。したがって，この実験結果から，人間は，最初の段階を無視して，最終段階のみを考慮していることが明らかとなった。

このように，人間は，選択を単純化するために，選択肢が共通して持つ構成要素を無視，あるいは軽視して，選択肢を特徴づける要素に注目しようとすることを孤立効果（Isolation Effect）と呼ぶ。

4．心理的会計

プロスペクト理論は，非合理的な人間行動をうまく説明できそうであるが，問題点もある。そこで，2節で述べた参照点に関する問題点として，次のような実験［2］を考えることから検討したい。

問6　10万円が得られている状況で，

ギャンブルI：50％の確率で，10万円を得る。
ギャンブルJ：100％の確率で，5万円を得る。

あなたが選ぶのは，ギャンブル（　　）。
そのギャンブルを選んだあなたの理由：＿＿＿＿＿＿＿＿

問7　20万円が得られている状況で，

ギャンブルK：50％の確率で，10万円を失う。
ギャンブルL：100％の確率で，5万円を失う。

あなたが選ぶのは，ギャンブル（　　）。
そのギャンブルを選んだあなたの理由：＿＿＿＿＿＿＿＿

カーネマンとトヴェルスキーが行った実験では，16 %の人がギャンブルＩを選び，84 %の人がギャンブルＪを選ぶ結果が得られている。また，69 %の人がギャンブルＫを選び，31 %の人がギャンブルＬを選ぶ結果が得られている。

さて，ギャンブルＩでは，最初に 10 万円を得ていて，次に 50 %の確率で 10 万円を得るわけだから，50 %の確率で 20 万円を得て，50 %の確率で 10 万円を得ることになる。そして，ギャンブルＪでは，確実に 15 万円を得ることになる。

ギャンブルＫでは，最初に 20 万円を得ていて，次に 50 %の確率で 10 万円を失うわけであるから，50 %の確率で 20 万円を得て，50 %の確率で 10 万円を得ること，すなわち，ギャンブルＩと同じである。また，ギャンブルＬでは，15 万円を得ることになるので，ギャンブルＪと同じである。

このように，実質的には同じことを言っているにもかかわらず，人間は，正反対の行動をとっている。これは，問 6 では，参照点を 10 万円に置いていて，リスク回避的な行動（価値関数の利得局面）をとっているために，10 万円より増えるかどうかを判断基準にして，確実に 5 万円増える選択肢を選んだためであると考えられる。これに対して問 7 では，参照点を 20 万円に置いていて，リスク愛好的な行動（価値関数の損失局面）をとっているために，20 万円より減るかどうかを判断基準にして，不確実な選択肢を選んだためであると考えられる。

したがって，問題の提示の仕方を変えることで，同じ対象であっても参照点は容易に移動してしまうことがわかる。

このように参照点が移動してしまう問題点を持つプロスペクト理論であるが，このプロスペクト理論を補強する理論として，セイラー（Richard H. Thaler）が提唱［6］した心理的会計（Mental Accounting）がある。

そこで，次のような問題を考えよう。この問題では，状況をうまくイメージすることが重要であって，各問に関しては，関連性を一旦リセットして，独立した問題として回答することが必要である。

問8　大好きなシンガーのコンサートに行くことにし，事前に1万円のチケットを購入した。コンサート当日，購入したチケットをなくしたことに気がついた。財布には，チケットを購入するだけのお金は十分にあり，1万円で当日販売席が用意されている。このとき，

選択肢Ａ：当日販売席のチケットを購入する。
選択肢Ｂ：当日販売席のチケットを購入しない。

あなたが選ぶのは，選択肢（　　）。
その選択肢を選んだあなたの理由：＿＿＿＿＿＿＿＿＿＿＿＿＿＿＿＿

＿＿＿＿＿＿＿＿＿＿＿＿＿＿＿＿＿＿＿＿＿＿＿＿＿＿＿＿＿＿＿

＿＿＿＿＿＿＿＿＿＿＿＿＿＿＿＿＿＿＿＿＿＿＿＿＿＿＿＿＿＿＿

問9　大好きなシンガーのコンサートに行くことにした。チケットは，当日でも十分購入可能で，コンサート当日に購入することにした。ところが，チケット代として用意していた1万円をなくしたことに気がついた。近くにはATMもあり，チケット代を購入するためのお金は十分にある。このとき，

選択肢Ｃ：チケットを購入する。
選択肢Ｄ：チケットを購入しない。

あなたが選ぶのは，選択肢（　　）。
その選択肢を選んだあなたの理由：＿＿＿＿＿＿＿＿＿＿＿＿＿＿＿＿
＿＿＿＿＿＿＿＿＿＿＿＿＿＿＿＿＿＿＿＿＿＿＿＿＿＿＿＿＿＿
＿＿＿＿＿＿＿＿＿＿＿＿＿＿＿＿＿＿＿＿＿＿＿＿＿＿＿＿＿＿

問８，９のいずれにおいても，コンサートを鑑賞すれば，総額で２万円の支出となり，コンサートを鑑賞せずに帰宅すれば，支出は１万円で済む。つまり，コンサートを鑑賞するための支出総額２万円が，高いと判断すれば，いずれの場合でもチケットを購入しない。また，コンサートを鑑賞するために，２万円を支払っても良いと判断すれば，いずれの場合でも新たに１万円を支払うことになる。このように，関連して一貫性を持たそうとした人は，問８，９の回答は同じになってしまう。

しかし，問８，９の関連性をリセットして考えた場合，人間の心理的会計は，事前に「チケットを購入した取引」と，まだ「チケットを購入していない取引」として独立に処理されてしまう。そのためこの実験結果では，問８では，多くの被験者がチケットの追加購入のための１万円を出し渋ると答え，問９では，多くの被験者がチケット購入のための１万円を進んで支払う意思があると答えている。

したがって，事前にチケットを購入していた場合，チケットの紛失で被った１万円の損失は，心理的会計上，チケット購入のための支出会計で認識される。そのため，チケット購入のための支出会計は，合計で２万円の支出となると認識される。一方，１万円をなくした場合，心理的会計上，チケット購入のための支出会計は依然として１万円の支出であると認識され，なくした１万円はチケット購入のための支出会計とは別の会計で認識される。

すなわち，心理的会計とは，意思決定者が，個々の取引の費用を，互いに独立な心理的会計処理を施すことによって，個々の取引に対して，独自の参照点と価値関数を持っていることを意味する。

では，次の問題に対しても，状況をうまくイメージしながら，各問に関しては，関連性を一旦リセットして，独立した問題として考えてみよう。

問10 あなたは，12,500円のコートと1,500円の電卓を購入したいと考えてある店にいる。この店で，車で10分のところにある別の店では，同じ電卓が1,000円で売られているという情報を得た。このとき，

選択肢E：別の店まで行く。
選択肢F：この店で購入する。

あなたが選ぶのは，選択肢（　　）。
その選択肢を選んだあなたの理由：＿＿＿＿＿＿＿＿＿＿＿＿

＿＿＿＿＿＿＿＿＿＿＿＿＿＿＿＿＿＿＿＿＿＿＿＿＿＿

＿＿＿＿＿＿＿＿＿＿＿＿＿＿＿＿＿＿＿＿＿＿＿＿＿＿

問11 あなたは，12,500円のコートと1,500円の電卓を購入したいと考えてある店にいる。この店で，車で10分のところにある別の店では，同じコートが12,000円で売られているという情報を得た。このとき，

選択肢G：別の店まで行く。
選択肢H：この店で購入する。

あなたが選ぶのは，選択肢（　　）。

その選択肢を選んだあなたの理由：＿＿＿＿＿＿＿＿＿＿＿＿＿＿＿＿

＿＿＿＿＿＿＿＿＿＿＿＿＿＿＿＿＿＿＿＿＿＿＿＿＿＿＿＿＿＿＿＿

＿＿＿＿＿＿＿＿＿＿＿＿＿＿＿＿＿＿＿＿＿＿＿＿＿＿＿＿＿＿＿＿

問 10，11 も，先の問題と同じように，総額で考えれば，この店では，14,000 円の支出であり，別の店では 13,500 円の支出となる。したがって，差額の 500 円に対して，車で 10 分の別の店まで行くことに対して，行く価値があると判断すれば，いずれも別の店まで行くことになり，行く価値がないと判断すれば，いずれもこの店で購入することになる。

しかしながら，問 10 では，多くの被験者が別の店まで行くと答え，問 11 では，多くの被験者がこの店で購入すると答えている。これは，人間が商品やサービスを購入する際に，その購入額がどれだけ得であるかを考えて行動することを表している。つまり，問 10 では，1,500 円の電卓が，1,000 円で購入できることに対する「得（価値）」と，問 11 では，12,500 円のコートを 12,000 円で購入できることに対する「得（価値)」を比べていることになる。そのため，1,500 円の電卓が 1,000 円で購入できるという価値の方が，12,500 円のコートが 12,000 円で購入できるという価値よりも大きいと考えていることを意味し，価値関数における参照点が異なることを示唆している。

したがって，心理的会計という人間の心の会計処理を理解することによって，プロスペクト理論が人間の意思決定行動を的確に表現できる有効な手段であると考えられる。

5. プロスペクト理論による効用の計算

本章の最後に，プロスペクト理論を用いた計算について述べる。プロスペクト理論では，期待効用理論における効用関数の代わりに，2節で考えた価値関数が，確率の代わりに，3節で考えたウェイト関数が用いられるが，実際には，次のようにして選択のための効用の計算を行う。

x，yを事象（結果），p，qを各事象の確率とすれば，

①$p + q < 1$　または，$x \geqq 0 \geqq y$　あるいは　$x \leqq 0 \leqq y$　のいずれかを満たすとき

$$v(x, p ; y, q) = \pi(p)v(x) + \pi(q)v(y)$$

（一般にΣ（ウェイト関数×価値関数））

②$p + q = 1$かつ，$x > y > 0$　または　$x < y < 0$　を満たすとき

$$v(x, p ; y, q) = v(y) + \pi(p)\{v(x) - v(y)\}$$

ただし，$v(0) = 0,\ \pi(0) = 0,\ \pi(1) = 1$

として計算することができる。なお，ウェイト関数と価値関数は，人によって形が異なる点に注意しなければならない。

そして，カーネマンとトヴェルスキーは，価値関数を指数関数と見なした上で，実験結果に基づいてパラメータの推計を行った。これを累積プロスペクト理論（Cumulative Prospect Theory）と呼ぶ[7]。すなわち，経験による価値関数は，

$$v(x) = \begin{cases} x > 0 \text{のとき} & x^{\alpha} \\ x < 0 \text{のとき} & -\lambda(-x)^{\beta} \end{cases}$$

によって表され，実験結果によって推定されるパラメータは，$\alpha = \beta = 0.88$，$\lambda = 2.25$となり，

$$v(x) = \begin{cases} x > 0 \text{のとき} & x^{0.88} \\ x < 0 \text{のとき} & -2.25(-x)^{0.88} \end{cases}$$

となる。また，利益局面でのウェイト関数は，

$$w^{+}(p) = \frac{p^{\gamma}}{\{p^{\gamma}+(1-p)^{\gamma}\}^{\frac{1}{\gamma}}}$$

損失局面でのウェイト関数は，

$$w^{-}(p) = \frac{p^{\delta}}{\{p^{\delta}+(1-p)^{\delta}\}^{\frac{1}{\delta}}}$$

となり，実験結果によって推定されるパラメータは，$\gamma = 0.61$，$\delta = 0.69$ となる。

演習問題

1．マーケティング分野では，プロモーションにおける利益と損失の見せ方として，次のような方法がある。

① 利益を与える場合，一度にまとめず，複数に分けて見せる。

② 与える損失が利益をはるかに上回る場合は，損失と利益を合算した損失から利益を差し引いた正味損失ではなく，利益と損失を別々に見せる。

③ 与える利益と損失が同等の場合は，損失と利益を合算した正味の価値だけを見せる。

①～③の理由を，プロスペクト理論に当てはめて考えよ。

ヒント：①，②は，利益・損失はそれぞれ，参照点に近づけば近づくほど変化に対して敏感になり，③は，利益よりも損失に敏感に

なる。

2．投資家が陥りがちな行動として，

① 利益を確定しようと，上がった銘柄を急いで全株売却してしまったため，その後の上昇局面での利益を得られなかった。

② いつかは上がると思い，下がった銘柄の損失を確定させないでいたら，いつの間にか塩漬けになってしまっていた。

①，②の理由を，プロスペクト理論に当てはめて考えよ。

3．あなたは，取引先の会社と交渉をして，契約を成立させたいと考えている。しかしながら，ライバル会社の契約内容の方が有利に見える。このような場合の戦略を，プロスペクト理論から考えよ。

4．クレジットカードを利用して無駄遣いをしてしまうことを心理的会計から述べよ。また，無駄遣いをなくすためには，どのようにすればよいか述べよ。

5．あなたは，高級料理店で一人で食事をする場合に出費する金額はいくらまでか。また，高級料理店で恋人と食事をする場合に出費する金額はいくらまでか。また，これらの参照点を考えよ。

6．インターネット接続を固定料金で支払う場合と従量料金で支払う場合について，理論的に考察せよ。

7．次の3つの選択肢について，プロスペクト理論による，選択のための効用の計算を行い，どの選択肢を選べばよいか答えよ。

選択肢1：30％の確率で5万円を得るが，70％の確率で3万円の損失

選択肢２：20％の確率で２万円を得，80％の確率で１万円を得る

選択肢３：10％の確率で10万円を得，20％の確率で４万円を得，30％の確率で１万円を得るが，30％の確率で３万円の損失

（10％は誤差）

《引用・参考文献》

［１］ D.Ellsberg: *"Risk, Ambiguity, and the Savage Axioms, Quarterly"* Journal of Economics, Vol.75, pp.643-669, 1961

［２］ D.Kahneman and A.Tversky: *"Prospect Theory: An Analysis of Decision under Risk"*, Econometrica, Vol.47, pp.263-291,1979

［３］ 真壁昭夫『最強のファイナンス理論』講談社現代新書，2003年

［４］ 多田洋介『行動経済学入門』日本経済新聞社，2003年

［５］ A.Tversky and D.Kahneman: *"The Framing of Decisions and the Psychology of Choice"*, Science, Vol.211, No.30, pp.453-458, 1981

［６］ R.H.Thaler: *"Mental Accounting and Consumer Choice"*, Marketing Science, Vol.4, pp.199-214, 1985

［７］ A.Tversky and D.Kahneman: *"Cumulative Prospect Theory: An Analysis of Decision under Uncertainty"*, Journal of Risk and Uncertainty, Vol.5, pp.297-323, 1992

シミュレーション

1. 意思決定ルール

須磨駅を降りるとすぐに潮の香りが漂い，眼下には砂浜が広がっている。ここは，東の湘南海岸と並び称される，西の須磨海岸である。この須磨海岸で，ある夏の夕刻にひとりの青年が，海水浴を楽しんだ後の帰り支度をしていた。ふと浜辺に目をやると，ビーチマットやタオルなどが敷かれ，10 人ばかりのいずれも美人と思われる女性たちが日光浴や読書を楽しんでいた。

「さて，そろそろ帰るとするか。待てよ，お腹も空いたし，キタ（大阪市街地の北部を総称するエリア名）で食事をするよりも神戸の中華街で食事をする方がいいな。ちょうど，目の前に女性もいることだし，あの中から誰か誘っていこう…」

そんなことを考えながら，彼は足を止めた。

「目の前を通り過ぎて目星をつけて，再び戻るような行為は，紳士にあるまじき行為だ。けれども，最初の女性をデートに誘った後，もっとすばらしい女性がいたら悔しいし…困った…」

そこで名案を思いついた。

「よし，彼女たちの前を失礼にならない程度に通り過ぎて，その途中で適当な女性に声をかけよう…これなら紳士的だ…（?）」

ところが，例えば5人目で，おそらくこの10人の中では最高の美女と信じてデートを申し込んだとしても，二人で帰途につくとき，彼女よりも美しい女性が，その後何人もいたのではおもしろくない。かといって，途中で取り替えるわけにもいかない。

この青年が遭遇した問題は，『海辺の美女の選び方問題』，『秘書の選び方問題』，『お見合い問題』とか『最適停止問題（Optimal Stopping Problem)』などといわれていて，理論的な考察も行われている［1］。しかしながら，この青年は，現役の大学生で，あれこれ考えることは好きであったが，数学の実力はやや不十分であった。

偶然にも，彼のポケットの中には，総合的品質管理論で，管理図の実習を行うときに用いた乱数サイがあった。そこで彼は，急遽この乱数サイを用いて，仮想実験を行うことにした。

乱数サイは，正20面体のサイコロで，各面には，0から9までの数字が2つずつ刻まれている。この乱数サイを振ることで，美人の程度を0から9までの数値で表すことができる。彼は浜辺で乱数サイを振りながら，表9－1のような美人の仮想点数表を砂の上に作りあげた（彼にとって0はあまりにも好ましくないので，0の目は10として表記している)。そして，目の前の美人は，どのような順番で並んでいるのかわからないので，10通りのケースを想定することにした［2］。

さて，この仮想データをもとにして，表9－2のようなルールをいくつか試すことにした。このルールは，見るだけの場合（データを取る）を0，今までで1番の美人ならば，その人を選ぶ場合を1（過去のデータとの比較)，残りの女性が少なくなると条件を緩める必要があるので，今までで2番以内の美人ならば，その人を選ぶ場合を2，以下同様にして，3，4，5，…と記号化している。当然最後の10番目の人まで来てしまえば，その人しか選べないので最後の人は10という記号になる。こ

▼表9-1 仮想点数

		仮想順番									
		1	2	3	4	5	6	7	8	9	10
仮想ケース	1	1	6	1	6	8	2	3	1	6	9
	2	5	7	2	8	1	2	9	4	3	1
	3	9	3	9	8	1	7	8	3	7	4
	4	2	10	4	7	2	3	4	1	4	3
	5	1	3	7	1	6	9	4	4	10	8
	6	3	6	6	3	6	2	8	4	1	6
	7	1	2	8	1	3	7	2	2	7	6
	8	6	10	3	1	8	4	9	2	3	2
	9	7	4	5	7	10	9	7	10	1	5
	10	8	3	2	6	9	7	1	4	4	2

▼表9-2 ルール

		記号化									
		1	2	3	4	5	6	7	8	9	10
ルール	1	0	0	1	1	2	2	3	4	5	10
	2	0	0	1	1	1	2	2	3	5	10
	3	0	0	0	1	1	2	3	4	5	10
	4	0	0	0	0	1	2	3	3	5	10
	5	0	0	0	0	0	1	2	3	5	10

▼表9-3　5つのルールの結果

		仮想ケースにおける選ばれた人の得点										平均	分散	最高点の回数
		1	2	3	4	5	6	7	8	9	10			
ルール	1	6	8	9	4	7	6	8	8	7	9	7.2	2.4	3回
	2	6	8	9	4	7	6	8	9	7	9	7.3	2.7	3回
	3	6	8	8	4	9	6	7	9	7	9	7.3	2.7	1回
	4	8	9	8	4	9	6	7	9	10	9	7.9	3.2	3回
	5	6	9	8	4	9	8	7	9	10	4	7.4	4.5	3回

のようなルールを表9－2の5つのルールについて実行してみた。

このときの結果が表9－3である。なお，表9－3の平均とは，仮想ケースで選ばれた人の得点の平均点であり，分散は，その得点のばらつきを見るために，また，最高点の回数とは，仮想ケースの最高点の人を選んだ回数を記載している。

このような実験をもとにした彼の行動の基準，すなわち，意思決定ルール（Decision Rule）を決めることは，大いに有益なことである。

2. 最適な意思決定ルール

前節の青年の例では，10通りの仮想ケースについて，そのときに思いついた5つのルールを試みただけで，その中から最も良いと思われるルールを採用した。しかし，これが本当に最適なルールであるかどうかは保証されていない。

常により良い意思決定をしたいと考える私たちにとっては，もっと良いルールがあるかもしれないという探求心が湧いてくる。

最適なルールを見つけ出すためには，理論的な方法によって解析する

▼表 9 - 4 20 のルール

		記号化									
		1	2	3	4	5	6	7	8	9	10
ルール	1	0	1	2	3	4	5	6	7	8	10
	2	0	1	1	2	2	3	3	4	5	10
	3	0	0	1	1	2	3	4	5	6	10
	4	0	0	1	1	2	2	3	4	5	10
	5	0	0	1	1	1	2	2	3	4	10
	6	0	0	0	1	1	2	2	3	4	10
	7	0	0	0	1	1	1	2	2	3	10
	8	0	0	0	1	1	2	3	4	5	10
	9	0	0	0	0	1	2	3	4	5	10
	10	0	0	0	0	1	1	2	3	4	10
	11	0	0	0	0	1	1	1	2	3	10
	12	0	0	0	0	1	1	2	2	4	10
	13	0	0	0	0	0	1	2	3	4	10
	14	0	0	0	0	0	1	1	2	4	10
	15	0	0	0	0	0	1	2	4	5	10
	16	0	0	0	0	0	1	3	4	5	10
	17	0	0	0	0	0	0	1	2	4	10
	18	0	0	0	0	0	0	1	2	5	10
	19	0	0	0	0	0	0	0	1	5	10
	20	0	0	0	0	0	0	0	1	1	10

ことが，一番確かなことであるに違いない。しかし，これが不可能かあるいはきわめて困難であるような場合には，できるだけ多数のルールについて，多くの実験を行ってみることで，かなり良い結論が導き出せる。

そこで，彼は，翌日この実験を多数回行ってみることにした。そして，乱数サイを振ることで，50 通りの仮想ケースを作成して，表 9 － 4 の 20 のルールをすべて適用し，1 日を費やして得られた結果が表 9 － 5 である。

▼表 9-5　20 のルールの結果

		平　均	分　散	最高点の回数	最低点
ルール	1	6.62	7.02	17	1
	2	6.98	6.10	19	1
	3	7.02	4.51	17	1
	4	7.22	4.22	19	1
	5	7.50	3.81	20	1
	6	7.42	2.82	15	4
	7	7.38	3.06	15	4
	8	7.32	3.00	14	4
	9	7.52	3.60	15	2
	10	7.72	3.19	18	4
	11	7.30	4.91	19	2
	12	7.71	3.34	19	4
	13	7.50	4.13	16	2
	14	7.04	5.55	17	2
	15	7.24	4.76	15	3
	16	7.02	4.92	13	2
	17	7.08	5.30	16	2
	18	6.76	6.23	14	1
	19	5.90	7.28	9	1
	20	5.60	9.96	14	1

さて，この結果から，どのルールが最適であろうか。平均点が高いルールを選ぶべきか，最高点の人を選ぶ回数が多いルールを選ぶべきか，あるいは，分散が小さいルールにしぼるべきか，それとも最低点が 1 点でないルールにしぼるべきか…。さまざまな戦略があるのは確かである。また，試行回数はもっと多い方が，さらに正確な結果が得られそうな感じがする。

実験をするのに効率の良い方法があれば，もっと多数回の試行をすることができるし，美人の数をいろいろ変えてそれぞれについての結果を求めることもできる。7章，8章での実験のように，可能であれば，実際に被験者に対して試みることもできるであろう。しかしながら，現在は，コンピュータを利用することによって，これを容易に実現することができるようになった（彼が1日を費やした仮想実験は，コンピュータでは，数分で終了したであろう）。

このような仮想実験による方法は，シミュレーション（Simulation）と呼ばれる。最近では，スーパーコンピュータによる地球温暖化のシミュレーションや，超高層ビルの建設，超高速旅客機などの製造には，コンピュータ・シミュレーション（Computer Simulation）が欠かせない。また，GPSS，DYNAMO，SLAM などのシミュレーション言語（Simulation Language）などもある。そして，理論の裏づけのためにもシミュレーションは行われている。このように，現在は，コンピュータ・シミュレーションが身近なものとなり，あらゆる分野で用いられている。

しかしながら，間違った使われ方もあり，また何でもシミュレーションに頼ればいいというわけではない。次節では，シミュレーションを定義し，誤った使われ方がされないように注意点をあげておく。

3. シミュレーションの定義

前節の内容で理解できたと思うが，シミュレーションは，模擬実験である。ここでは，このシミュレーションの定義について述べ，シミュレーションを実行する際の注意点を考えたい。

JIS のオペレーションズリサーチ用語（JIS Z8121）によれば，シミュレーションは，「対象とする体系についての模型による実験」と定義されている。

しかしながらこの定義では，あまりにも漠然としすぎて，誤ったシミュレーションを冒しかねない。そこで，文献［3］に掲載されているシミュレーションの定義が，非常にわかりやすいので，これを多少修正して，シミュレーションの定義としておきたい。シミュレーションは，対象とするシステムの実体もしくは，理論上の行動を何らかの手段によりモデリング（Modeling）して，モデリングされたモデル上の行動として，擬似的に表現，観測（測定），評価して，元となるシステムの行動を分析し，予測し，制御するために行う。特に，コンピュータを用いるシミュレーションをコンピュータ・シミュレーションと呼ぶことにする。

この定義から，次の図９－１のように考えれば，理解が容易であろう。

例えば，対象とするシステムが経営システムであれば，モデルは，経営モデルとなり，この経営モデルの行動を考え，シミュレーションを行うことで，実体としての経営システムの行動を分析し，予測し，制御することができる。

また，シミュレーション・モデルには，次の図９－２のようなものがある。

したがって，シミュレーションを行うためには，モデルの構築が最も重要となる。例えば，モデルの構築の際に，誤りを含んでいれば，誤ったシミュレーション結果となることに注意しなければならない。そのため，構築したモデルで，過去の行動が説明できるかどうか，パラメータや変数は妥当なものであるかどうか，結果をよく見せるために故意にパラメータや変数を変えていないかどうか，シミュレーション結果に対する評価などを絶えず検討しなければならない。

また，感度分析（Sensitivity Analysis）を行うことも必要である。この場合の感度分析は，モデルの妥当性を明らかにした上で，個々のパラメ

▼図9-1　システムとモデル

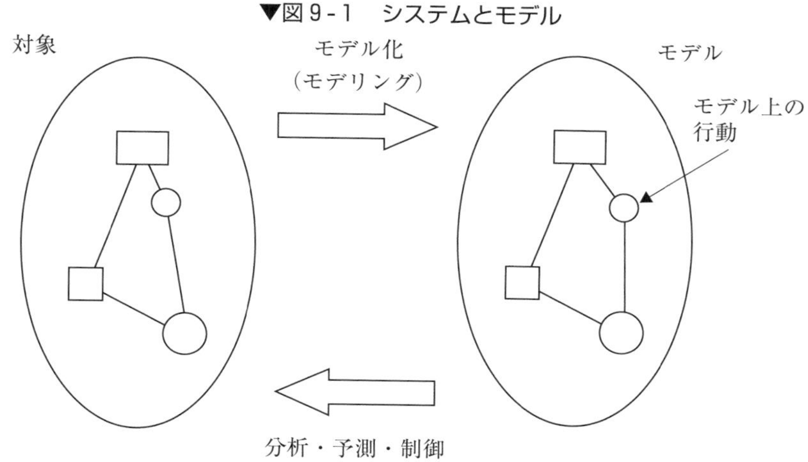

▼図9-2　シミュレーション・モデルの分類

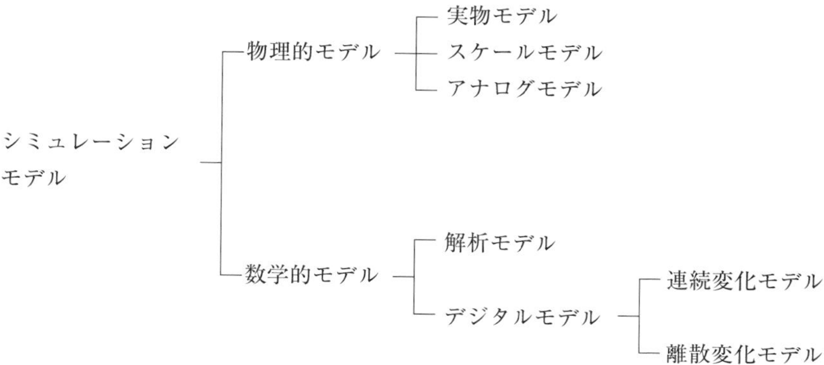

出典：中西俊男『コンピュータシミュレーション』近代科学社，p.7，1977年

ータを変えたときのシミュレーション結果の変化を検討することである。

4. モンテカルロシミュレーション

前節では，対象とするシステムをモデリングし，このモデルを用いてシミュレーションを行うと述べたが，確率論的な基礎の上で行うシミュレーションがある。ノイマン（John von Neumann）は，「決定論的な数学の問題の処理に乱数を用いること」を賭博で有名なモンテカルロ（Monte Carlo）にちなんで，モンテカルロ法（Monte-Carlo Method）と命名した。この考え方に基づき，乱数を用いた実験を多数回行い，実験結果を統計的に検討して現象の性質を解明する手法をモンテカルロシミュレーション（Monte-Carlo Simulation）と呼ぶ。

モンテカルロシミュレーションの原理は，次の例によって理解できる。

いま，一辺の長さが１の正方形とそれに内接する４分の１の円を考える（図９－３参照)。

正方形の面積は１，４分の１の円の面積は $\pi/4$ である。したがって面積比は，１：$\pi/4$ である。

▼図９-３　正方形に内接する1/4円

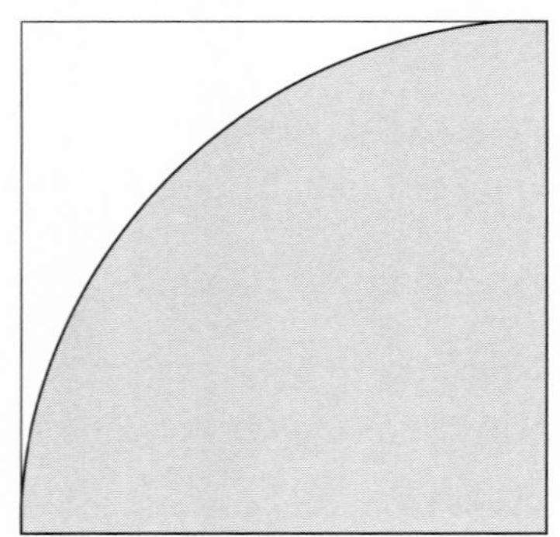

▼図９-４　正方形にランダムに落ちる点

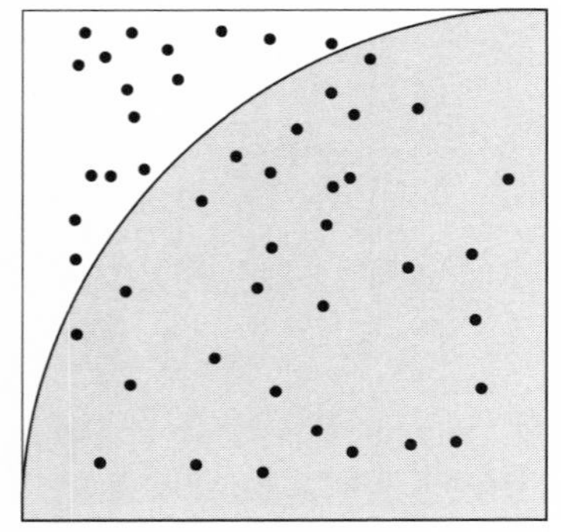

この正方形の上のランダムな位置に点を打つ（図9－4）。これを多数回繰り返せば，円の上に落ちる点の比率Pは，円の面積比に近い値となる。

すなわち，

$$P \fallingdotseq \pi/4$$

である。

したがって，$\pi \fallingdotseq 4P$となり，この実験から円周率πを推定することができる。

このように，モンテカルロシミュレーションは，一般的に，原理がわかりやすくアルゴリズムが組みやすい手法である。ただし，精度を上げるためには，膨大なデータを扱うので，結果を得るまでの時間がコンピュータの性能に大きく依存する。そのため，解析時間と結果の精度を考えながら収束点を見つけることが重要になる。

5. 乱　数

1，2節の青年の例では，サイコロを振ることで乱数を作った。乱数とは，乱れた数のことであり，でたらめに並んだ数列のことを示す。このでたらめという意味には，サイコロを振ることを考えてわかるとおり，どの数もほぼ同じ割合で現れるということと，数字の現れ方に何ら規則性のない不規則的（ランダム）であるという2つのことが含まれている。一般に，乱数は，0から9までの数字が等確率でかつランダムに現れる10進数の数列のことをいう。このような条件を備えた乱数は一様分布（Uniform Distribution）と呼ばれる分布型となる。区間（0，1）で考えると，その間のどのような数の現れる確率も等しく，またその現れ方も一定でないような数列を一様乱数と呼ぶ。

さて，乱数を作るためには，①乱数サイ，②乱数表，③物理的・電子的方法，および④コンピュータを用いる方法の 4 種類がある。

①の乱数サイを振ることで，乱数を作る方法は，単純ではあるが，時

▼表 9 - 6　乱数表の一部（JIS Z 9031：2001 より抜粋）

93	90	60	02	17	25	89	42	27	41	64	45	08	02	70	42	49	41	55	98
34	19	39	65	54	32	14	02	06	84	43	65	97	97	65	05	40	55	65	06
27	88	28	07	16	05	18	96	81	69	53	34	79	84	83	44	07	12	00	38
95	16	61	89	77	47	14	14	40	87	12	40	15	18	54	89	72	88	59	67
50	45	95	10	48	25	29	74	63	48	44	06	18	67	19	90	52	44	05	85
11	72	79	70	41	08	85	77	03	32	46	28	83	22	48	61	93	19	98	60
19	31	85	29	48	89	59	53	99	46	72	29	49	06	58	65	69	06	87	09
14	58	90	27	73	67	17	08	43	78	71	32	21	97	02	25	27	22	81	74
28	04	62	77	82	73	00	73	83	17	27	79	37	13	76	29	90	07	36	47
37	43	04	36	86	72	63	43	21	06	10	35	13	61	01	98	23	67	45	21
74	47	22	71	36	15	67	41	77	67	40	00	67	24	00	08	98	27	98	56
48	85	81	89	45	27	98	41	77	78	24	26	98	03	14	25	73	84	48	28
55	81	09	70	17	78	18	54	62	06	50	64	90	30	15	78	60	63	54	56
22	18	73	19	32	54	05	18	36	45	87	23	42	43	91	63	50	95	69	09
78	29	64	22	97	95	94	54	64	28	34	34	88	98	14	21	38	45	37	87
97	51	38	62	95	83	45	12	72	28	70	23	67	04	28	55	20	20	96	57
42	91	81	16	52	44	71	99	68	55	16	32	83	27	03	44	93	81	69	58
07	84	27	76	18	24	95	78	67	33	45	68	38	56	64	51	10	79	15	46
60	31	55	42	68	53	27	82	67	68	73	09	98	45	72	02	87	79	32	84
47	10	36	20	10	48	09	72	35	94	12	94	78	29	14	80	77	27	05	67
73	63	78	70	96	12	40	36	80	49	23	29	26	69	01	13	39	71	33	17
70	65	19	86	11	30	16	23	21	55	04	72	30	01	22	53	24	13	40	63
86	37	79	75	97	29	19	00	30	01	22	89	11	84	55	08	40	91	26	61
28	00	93	29	59	54	71	77	75	24	10	65	69	15	66	90	47	90	48	80

間がかかる。そこで普通は②の乱数表と呼ばれる，表9－6のような表から乱数を読みとる。表9－6は，乱数表の一部であるが，このような数字の並んだ表が何ページもあると考えて頂ければよい。

乱数表は，例えば，目をつむって鉛筆を乱数表の上に落とし，落ちた点から数字を読みとっていくようにして用いられる。しかし，乱数表の乱数はすでに定まっているため，読みとり方がパターン化すると，乱数のランダムネスがなくなるので注意が必要である。

放射線物質の同位元素の崩壊現象や電子回路の雑音といった偶然的な現象を利用して，乱数を発生させるのが③の物理的・電子的方法である。しかしこの方法も，乱数発生の再現性や乱数の不規則性が確保されているかどうかがそのつど不明確であるといった問題点がある。

上記の3方法にはそれぞれ問題点があり，これを解決する方法として，④のコンピュータを用いる乱数発生がある。コンピュータによる乱数発生の方法には，いくつかの方法があり，基本的には算術式によって計算される。このようにして得られる数列は，乱数としての条件を備えているが，作り出される過程で，次に出てくる乱数が何かわかるため，疑似乱数（Pseudorandam Number）と呼ばれている。次節では，コンピュータによる乱数発生の方法［4］［5］［6］について考えてみたい。

6. コンピュータによる乱数発生の原理

コンピュータが乱数を発生させる方法には，平均採中法（Middle-square Method），合同法（Congruential Method），M系列法（Maximum-length Linearly Recurring Sequence Method），無理数回転法（Irrational Rotations Method）と呼ばれる方法がある。以下これらの方法について順に説明する。

(1) 平均採中法

この方法はノイマンが考案したもので，古典的な方法だといえる。

いま，N 桁（偶数）の数 X_0 を考える。これを 2 乗した数の中央の N 桁を取り出し，これを X_1 とする。次に，この X_1 を 2 乗した数の中央の N 桁を取り出し，これを X_2 とする。このような手順を繰り返すと，数列 X_0，X_1，X_2，…が得られる。この数列が求める乱数列である。

例 1 $X_0 = 1312$ $X_0^2 = 1721344$

$X_1 = 2134$ $X_1^2 = 4553956$

$X_2 = 5395$ $X_2^2 = 29106025$

$X_3 = 1060$ $X_3^2 = 1123600$

$X_4 = 2360$ $X_4^2 = 5569600$

· · · · · · · · · · ·

この方法は，単純で実用的であるように見えるが，少なくとも次の 2 つの欠点がある。1 つは，乱数列がどこかで 0 となってしまう可能性があること。もう 1 つは，乱数列の周期がはっきりしないことである。したがって，次に説明する合同法が開発されたために，現在では利用される機会は少ない。

(2) 合同法

合同法には，混合合同法（Mixed Congruential Method），乗積合同法（Multiplicative Congruential Method）および加法合同法（Additive Congruential Method）がある。

① 混合合同法

合同法は合同式という算術式からの計算により乱数を発生させる方法

である。合同式を次式のような形で与えられた場合が混合合同法である。

$$X_{n+1} = aX_n + b \pmod{D}$$

この式は X_n を a 倍した数に b を加え，これを D で割った余りを X_{n+1} とするものである。このようにして得られる数列 X_n は D より小さい一様分布の乱数となる。ただし，上式で，X，a，b および D は，すべて非負の整数である。

例 2 混合合同式において，$X_0 = 15$，$a = 29$，$b = 12$，$D = 100$ のとき，乱数列は，

$$X_0 = 15$$
$$X_1 = 29 \times 15 + 12 \pmod{100} = 47$$
$$X_2 = 29 \times 47 + 12 \pmod{100} =$$
$$X_3 = 29 \times \quad + 12 \pmod{100} =$$
$$X_4 = 29 \times \quad + 12 \pmod{100} =$$

・・・・・

となる（空欄を埋めてみよう）。

② 乗積合同法

乗積合同法の合同式は，混合合同法の合同式において，b = 0 とした特別な場合である。

$$X_{n+1} = aX_n \pmod{E}$$

さて，混合・乗積合同法において，a と D あるいは E の与え方によっては，規則的な数字が現れることがある。そこで，一般的には，

ｉ）a は素数か 5 の奇数乗を用いる。

ii）D あるいは E を 10^{n+1} とすると 10 進 n 桁の一様乱数となる。

iii）初期乱数 X_0 には 0 を用いない。

iv）初期乱数 X_0 が小さいとき，試行回数が短いと乱数に不規則性がなくなる。

などといわれているので，これらの点に注意する必要がある。

例 3　乗積合同式において，$X_0 = 6$，$a = 23$，$E = 10$ のときの乱数列は，

$X_0 = 6$

$X_1 = 23 \times 6 \pmod{10} = 8$

$X_2 = 23 \times 8 \pmod{10} =$

$X_3 = 23 \times \quad \pmod{10} =$

$X_4 = 23 \times \quad \pmod{10} =$

・・・・・

となる（空欄を埋めてみよう）。

③　加法合同法

加法合同法は，次式で与えられる。

$$X_{n+1} = X_n + X_{n-k} \pmod{F}$$

ただし，k は正の整数である。この場合，k 個の初期値が必要で，k = 1 のとき，フィボナッチ数列

$$X_{n+1} = X_n + X_{n-1} \pmod{F}$$

が得られる。

(3) M系列法

いくつかの変種があるが，いずれもかなり高速で，周期は無限といえるほど長くできる。使用メモリは，合同法に比べるとはるかに多いが，現在のコンピュータでは問題がないであろう。また，高次元のランダム点列の生成にも向いている。ただし，M系列は，1ビットからなるためこれをもとにしてもっと長い疑似乱数列を作成するために，3項GFSR（Generalized Feedback Shift Register）生成法や5項GFSR法，結合トーズワース（Tausworth）法，メルセンヌツイスター（Merusenne Twister）法などが用いられる。

(4) 無理数回転法

伝統的な数学理論に基づく方法であり，パラメータの値を変えれば，時間はかかるが精度の良い疑似乱数を作成することができる。

7. 種々の分布乱数

コンピュータによる乱数の分布は一様乱数である。このような分布では，ある現象なり行動を模擬する場合の制約となる。しかしながら，さまざまなシミュレーションを行う場合には，さまざまな確率変数を使用し，さまざまな現象をも表現しなければならない。したがって，一様分布だけでは表現できないことがある。そのために，種々の分布の乱数が必要になる。

ここでは，コンピュータによる一様乱数をもとにして，いくつかの分布の乱数の作成方法について説明する［4］。

(1) 任意区間の一様分布

コンピュータによる乱数は，区間（0，1）の一様乱数である。これを任意の区間（a，b）の一様乱数として利用する場合には，次のような方法を用いる。

任意の区間での一様分布の確率密度関数 f（x）は次式で与えられる。

$$f(x) = \begin{cases} \dfrac{1}{b-a} & a<x<b \\ 0 & x \leqq a,\ x \geqq b \end{cases}$$

そして，この密度関数の累積分布関数 F（x）は，

$$F(x) = \frac{x-a}{b-a} \quad 0 \leqq F(x) \leqq 1$$

である。x は確率変数で，平均値は（b － a）／2 である。

逆関数法により，累積分布関数から任意の区間での一様乱数を次式を利用して作成することができる。

$$x = (b - a)u + a$$

ここで，u は区間（0，1）の一様乱数であり，x が求める任意区間の一様分布乱数である。

(2) 正規分布

正規分布（Normal Distribution）は，ガウス分布（Gauss Distribution）とも呼ばれ，その確率密度関数は，平均を μ，分散を σ^2 としたとき，

$$f(x) = \frac{1}{2\pi} \exp\left\{-\frac{(x-\mu)^2}{2\sigma^2}\right\}$$

で表される。特に，平均を 0，分散を 1 とした正規分布を標準正規分布

(Standard Normal Distribution) と呼び，次式で表される。

$$f(x) = \frac{1}{2\pi} \exp\left\{-\frac{x^2}{2}\right\}$$

区間（0，1）の一様乱数を用いて正規分布の乱数を作るには，2つの方法がある。1つは，区間（0，1）の一様乱数を12個（u_1，u_2，…，u_{12}）発生させ，それらの合計から6を引いて1個の標準正規分布乱数を求める方法である。すなわち，

$$x = u_1 + u_2 + \cdots + u_{12} - 6$$

である。

もう1つは，ボックス・ミューラー法［7］と呼ばれる方法で，区間（0，1）の一様乱数を2個用いて，次式のようにして2個の標準正規分布乱数を作る。

$$x_1 = -2 \log_e u_1 \mathrm{Cos}(2\pi u_2)$$
$$x_2 = -2 \log_e u_2 \mathrm{Sin}(2\pi u_1)$$

(3) 指数分布

指数分布（Exponential Distribution）は，待ち行列における客の到着間隔の分布，または，サービス時間の分布として利用される。一般には，ごくまれにしか起こらない現象の時間間隔を示す分布として用いられる。指数分布の確率密度関数は，平均を $1/\lambda$ とすると，

$$f(x) = \lambda e^{-\lambda x} \qquad \lambda > 0,\ x \geqq 0$$

で与えられ，その累積分布関数は，

$$F(x) = 1 - e^{-\lambda x}$$

となる。逆関数法により，指数分布乱数は，次式を利用して作ることができる。

$$x = -\frac{1}{\lambda}\log_e(1-u)$$

このとき，xは平均1／λの指数分布乱数となる。

⑷ ポアソン分布

ポアソン分布（Poisson Distribution）は，待ち行列などにおける単位時間当たりの客の人数の分布のように，単位時間内に発生する現象の分布として利用される。ロシア生まれでドイツで活躍した統計研究者であるボルトキーヴィッチ（Ladislaus von Bortkiewicz）があげた，プロイセン陸軍で馬に蹴られて死んだ兵士の統計では，その死亡分布が，ポアソン分布の推計とほぼ一致した結果が得られている［8］。ポアソン分布の確率密度関数は，単位時間当たりの平均発生率をλとすると，

$$f(x) = \frac{\lambda^x}{x!}e^{-\lambda}$$

となる。

ポアソン分布乱数を作成する簡単な方法は，平均発生率λを既知として，区間（0，1）の一様乱数uを次々に発生させ，それらを乗じた値が$e^{-\lambda}$よりも小さくなったときの乱数発生回数をポアソン分布乱数とする。すなわち，

$$u_1 \times u_2 \times \cdots \times u_k < e^{-\lambda}$$

となったときのkをポアソン分布乱数とする。

あるいは，指数分布乱数を利用して，指数分布乱数を次々に発生させ，それらの合計が1以上となったときの発生回数をkとすると，kがポアソン分布乱数となる。すなわち，指数乱数をsとすると，

$$s_1 + s_2 + \cdots + s_k \geqq 1$$

を満たすkがポアソン分布乱数である。

(5) アーラン分布

待ち行列の待ち時間を計算するために，提唱されたアーラン分布（Erlang Distribution）は，同じパラメータを持ついくつかの指数分布の和で表される分布である。すなわち，

$$x = s_1 + s_2 + \cdots + s_k$$

であり，このような分布を位相kのアーラン分布という。したがって，指数分布はアーラン分布の位相1の特殊な分布だともいえる。

アーラン分布の確率密度関数は，

$$f(x) = \frac{(\lambda k)^k x^{k-1}}{(k-1)!} e^{-\lambda kx}$$

で与えられる。

位相kのアーラン分布は，平均が1／λkとなる指数分布乱数をk個発生させ，その和を利用するか，あるいは，区間（0，1）の一様乱数uを発生させ，その重積の対数値をとることによって作成される。

$$x = \sum_{i=1}^{k} s_i = \frac{1}{\lambda k} \sum_{i=1}^{k} \log_e(u_i) = \frac{1}{\lambda k}(\log_e \prod_{i=1}^{k} u_i)$$

(6) 2項分布

ベルヌーイ試行は，試行の結果が2種類しかない。すなわち，「良品」か「不良品」か，「勝つ」か「負ける」か，「当たる」か「はずれる」かあるいは「合格」か「不合格」かなどである。コインをn回投げたところ，表がx回出たとしよう。コインの表の出る確率をp，裏が出る確率を1－pとすると，x回表が出る確率分布，すなわち，2項分布(Binomial Distribution)の確率密度関数は次式で表される。

$$f(x) = \binom{n}{k} p^{x}(1-p)^{n-x}$$

2項分布乱数は，nとpが既知で，nがあまり大きくない数のとき，まず，x_0を0として，区間（0，1）の一様乱数uをn回発生させて次式から2項分布乱数xを作成することができる。

$$\begin{cases} u_i \leqq p & \rightarrow \quad x_i = x_{i-1} + 1 \\ u_i > p & \rightarrow \quad x_i = x_{i-1} \end{cases}$$

演習問題

1．ビュホンの針について調べ，モンテカルロシミュレーションで円周率πの近似値を求めよ。

2．コンピュータあるいは，乱数表を使って，一様乱数を12個作成せよ。

3．2. で求めた一様乱数を5個，区間（0.5，0.8）の一様乱数に変換せよ。

4．2. で求めた一様乱数を12個用いて1個の標準正規分布乱数を作成せよ。また，2個の一様乱数から2個の標準正規分布乱数を作成せよ。さらに，この標準正規分布乱数から，平均50，分散16^2の正規分布乱数を求めよ。

5．乱数の検定

コンピュータによって発生させた乱数は疑似乱数である。このため，乱数と見なせるかどうかを検討する必要がある。このとき，乱数の検定にはどのような方法があるか調べよ。

(p.127　例 2 の解答) 上から順に 75，75，87，87，35

(p.128　例 3 の解答) 上から順に 4，4，2，2，6

《引用・参考文献》

［1］ 森口繁一「アルゴル漫歩－6」，数学セミナー，日本評論社，pp.25-28，1964 年

［2］ 三浦大亮『シミュレーション入門』オーム社，1970 年

［3］ 高原康彦・高津信三編著『経営情報システム』日刊工業新聞社，pp.251-252，1991 年

［4］ 吉田茂『経営シミュレーション（経営情報学講座 13)』オーム社，1988 年

［5］ 脇本和昌『乱数の知識』森北出版，1970 年

［6］ 関根智明・高橋磐郎・若山邦紘『シミュレーション（OR ライブラリー 20)』日科技連，1976 年

［7］ G.E.P. Box and M.Muller: *"A Note on the Generation of Random Normal Deviates"*, Ann. Math. Stat., Vol.29, pp.610-611, 1958

［8］ L. von Bortkiewicz: *"Das Gesetz der Kleiner Zahlen"*, Leipzig Druck und Verlag von B.G. Teubner, 1898

経営シミュレーション

1. 経営シミュレーション

ここでは，「経営における意思決定」について，ゲーム感覚的に理解するために，経営シミュレーションを行う。経営シミュレーションは，ビジネスゲーム（Business Game）やマネジメントゲーム（Management Game）などと呼ばれたりもする。この種のシミュレーションでは，意思決定を繰り返すことによって，現実の世界で役立つノウハウを学び取っていくことが大切である。なぜならば，現実の世界での意思決定は，やり直しがきかない。やり直しがきかない意思決定であるからこそ，失敗は未然に防がなければならない。したがって，ここでのシミュレーションで，意思決定を繰り返し行うことで，その知識を身につけていくのである。

本章の経営シミュレーションでは，意思決定問題として，価格決定問題，価格戦略問題，価格・生産・在庫戦略問題，価格・生産・在庫・マーケティング問題を取り上げている。特に，前章において，シミュレーションでは，モデルを構築することが重要であると述べた。本章のシミュレーションでは，文献［1］で構築されたモデルを使用している。これらのモデルは，よく考えられたモデルである。また，文献［1］では，この他にも有益な経営シミュレーション問題が掲載されている。

なお，ここで取り上げるシミュレーションは，コンピュータの力を借りないでも電卓で計算できる問題であり，一つひとつの計算過程を理解しながら，さらに経営戦略や経営分析を行うことを読者自身で考えながら行って頂きたい。そのため章末に，各意思決定問題に対して，電卓などを用いて計算結果が記入できる意思決定シートと，その意思決定の結果に対して，他の戦略によって得られた意思決定の結果を比較・分析するための意思決定分析シートを付した。これらを大いに利用して頂きたい。もちろん，コンピュータを使えば，もっと大規模なシミュレーションも，複雑な要因を組み入れながらのシミュレーションも可能である。これらについては，前章で取り上げた各種分布乱数などを用いると効果的である。

2．価格の意思決定

K 大学にある大学内のカフェテリアでは，500 円のハンバーガーセットを 3 種類提供していた。味とボリュームの点では学生に好評であったが，価格の面でやや不満の声があがっていた。ところが，昨年大学のすぐとなりに大手のハンバーガー店がオープンし，これまでのような独占販売が不可能となった。しかも大手ハンバーガー店では，400 円のバリューハンバーガーセットを 3 種類提供した。一昨年までは，学生のほとんどがカフェテリアを利用していたが，昨年からかなりの学生が，大手ハンバーガー店へ流れた。

そこで，カフェテリアは，K 大学大学院で経営科学を専攻した有能な若手経営者を雇い，価格がハンバーガーセットの利用者数にどのような影響を及ぼすかを分析させた。若手経営者は，マーケティング・リサーチと経営科学の手法を適用した結果，ハンバーガーセットを利用する顧客数が，次式で表されることを導いた。

顧客数＝(400 × X ＋ 1,200,000) ÷価格－ X

上式のXは定数で，競合する大手ハンバーガー店の品質水準を表している。Xは通常，500 ～ 5,000 の間の値をとる。Xが 500 のときは最低の品質水準（まずい）で，Xが 5,000 のときは最高の品質水準（どこよりもうまい）である。

カフェテリアの費用分析によれば，顧客 1 人当たり 200 円の変動費が生じるほか，顧客数に関係なく，毎期 35 万円の固定費が生じる。

さて，あなたはこのカフェテリアのオーナーとして，これから 7 期間のハンバーガーセットの価格を意思決定し，7 期間の累積利益を計算することで，他のオーナーとその経営手腕を比較しよう。ただし，各期における価格は，一度しか入力できないものとし（後で変更できない），大手ハンバーガー店の品質水準Xは，次式の乱数により定まる（途中，大手ハンバーガー店が，品質水準にこだわり始めた場合は，第 2 式を用いよ）。

X ＝ 4,500 ×一様乱数＋ 500

（第 2 式）　X ＝ 2,500 ×一様乱数＋ 2,500

なお，151 頁の意思決定シート①では，

売上高＝自社価格×顧客数

変動費＝ 200 ×顧客数

費　用＝変動費＋固定費

利　益＝売上高－費用

として計算結果を記入する。また，157 頁の意思決定分析シート①は，

他社（コンピュータでも構わない）の価格と利益の動向を見るために用い，あなたの意思決定を分析して頂きたい。

他のオーナーとの7期間の意思決定を終えれば，あなたは自然にこの価格の意思決定から，最も利益を上げる価格が存在していることに気がつくであろう。この最も利益を上げる価格は，最適価格としてとらえることができる。しかしながら，今回のような価格の意思決定では，対象となるライバルが1社しかいない場合は考えられず，次節のような市場平均価格が，経営戦略に大きく影響を与える。

3. 価格戦略の意思決定

国際電器産業は，小型電器製品の製造と販売を行っている。同社の主力商品は，写真に撮った画像がそのままシールとなって現れる「どこでも写シール・ポン」である。デジタルカメラやスマートフォンのカメラ機能を利用して，撮影した画像を印刷するには，プリント専門店か，カラープリンタなどでの出力が必要であった。しかし，「どこでも写シール・ポン」は，撮影した画像は，すぐにシールとして出力され，若者のコミュニケーション・ツールとして好評であった。また，「どこでも写シール・ポン」は，ボディにさまざまな彩色が可能で，企業のイメージ・キャラクターの印刷なども可能であるため，企業のプレミアム商品としても最適である。

国際電器産業は現在，この商品に1,000円の価格をつけており，1期間当たり3,000個を製造・販売している。同社の費用分析によれば，期間当たり100万円の固定費と，商品1個当たり400円の変動費が生じる。

国際電器産業は最近，自社の事業活動について調査研究を行い，価格が売上数量にどのような影響を与えるかを分析した。分析の結果，売上数量が，提示される価格と前期の売上数量の影響を受けることがわかった。つまり，前期の価格の 30 %以上の値上げがない限り，前期の顧客の 1/3 はもう一度購入してくれることが明らかとなった（前期価格の 30 %以上の値上げは禁止する）。これを再購入顧客と呼んでおくことにする。したがって，1 期間当たりの総顧客数は次式で求めるものとする。

価格変動顧客＝市場平均価格÷自社価格÷自社価格× 2,000,000
（小数点以下は四捨五入する）
総　顧　客　数＝再購入顧客（前期総顧客数÷ 3）＋価格変動顧客

ここで，市場平均価格とは，自社および演習に参加したすべての社の価格の平均の価格である。

さて，あなたはこの国際電器産業の経営者として，これから 7 期間の「どこでも写シール・ポン」の価格を意思決定し，7 期間の累積利益（総利益）を計算するシミュレーションを行う。

なお，151 頁から 152 頁までの意思決定シート②では，

売上高＝自社価格×総顧客数
変動費＝ 400 ×総顧客数
総費用＝変動費＋固定費
利　益＝売上高－総費用

として計算結果を記入する。また，158 頁の意思決定分析シート②は，他社（コンピュータでも構わない）の価格と利益の動向を見るために用いる。

他社との 7 期間の意思決定を終えれば，市場平均価格によって，顧客数は大きく変動することがわかるであろう。また，総利益が 1 位となる会社の戦略を分析すれば，価格の決定に際しての特徴が明らかになる。

特に，実社会での販売のしくみを考えれば，この特徴がいかに当を得ているかが明らかとなる。また，再購入顧客（リピータ）が，企業にとっていかに重要であるかの理解も容易にしてくれるであろう。

しかしながら，ここでは，顧客からの注文を受けてから生産を開始するような受注生産方式となっており，通常は，顧客の需要を予測しながら生産量を計画する見込み生産方式を行う場合が多い。したがって，次節では見込み生産方式のシミュレーションについて考えてみよう。

なお，4 節と 5 節では，3 節と同じ内容を発展させて実施するシミュレーションとなっているため，重複した文章となっているが，問題を考える上で 3 節まで戻って考えることを避けるために繰り返しとなるがそのまま記載している。

4. 価格－生産戦略の意思決定

国際電器産業は，小型電器製品の製造と販売を行っている。同社の主力商品は，写真に撮った画像がそのままシールとなって現れる「どこでも写シール・ポン」である。デジタルカメラやスマートフォンのカメラ機能を利用して，撮影した画像を印刷するには，プリント専門店か，カラープリンタなどでの出力が必要であった。しかし，「どこでも写シール・ポン」は，撮影した画像は，すぐにシールとして出力され，若者のコミュニケーション・ツールとして好評であった。また，「どこでも写シール・ポン」は，ボディにさまざまな彩色が可能で，企業のプレミアム商品としても最適である。

手持ちの在庫から販売できるように，商品は前もって生産されているので，同社はしばしば，期末に売れ残った商品の在庫を抱えることがある。これらの商品は次期まで持ち越されるが，それには単位当たり 200

円の在庫費が生じる。

国際電器産業は現在，この商品に1,000円の価格をつけており，1期間当たり3,000本を製造・販売している。同社の費用分析によれば，期間当たり100万円の固定費と，商品1本当たり400円の変動費が生じる。

国際電器産業は最近，自社の事業活動について調査研究を行い，価格が売上数量にどのような影響を与えるかを分析した。分析の結果，売上数量が，提示される価格と前期の売上数量の影響を受けることがわかった。つまり，前期の価格の30％以上の値上げがない限り，前期の顧客の1/3はもう一度購入してくれることが明らかとなった（前期価格の30％以上の値上げは禁止する)。これを再購入顧客と呼んでおく。なお，1期間当たりの売上数量は次式で求めるものとする。

価格変動顧客＝市場平均価格÷自社価格÷自社価格×2,000,000
需要顧客数＝再購入顧客(前期実総顧客数÷3)＋価格変動顧客

ただし，実際の売上数量は，需要顧客数と販売可能数量（当期の生産数量＋前期の在庫数量）のうち，小さい方（実総顧客数）で決まる。もし，販売可能数量が需要顧客数を上回れば，在庫＝販売可能数量－需要顧客数となる。

ここで，市場平均価格とは，自社および演習に参加したすべての社の価格の平均の価格である。

さて，あなたはこの国際電器産業の経営者として，これから7期間の「どこでも写シール・ポン」の価格と生産数量を決める意思決定を行い，7期間の累積利益（総利益）を計算するシミュレーションを行う。

なお，152頁から153頁までの意思決定シート③では，

売上高＝自社価格×実総顧客数

生産費＝ 400 ×生産数量

在庫費＝ 200 ×在庫数

総費用＝変動費 + 固定費＝生産費＋在庫費＋ 1,000,000

利益＝売上高－総費用

として計算結果を記入する。また，159 頁の意思決定分析シート③は，他社（コンピュータでも構わない）の価格と生産数量および利益の動向を見るために用いる。

他社との 7 期間の意思決定を終えれば，本シミュレーションのような見込み生産方式の場合には，需要の予測と生産計画がいかに難しいかが明らかとなる。特に，総利益が 1 位となった戦略を分析すれば，その戦略の特徴も明らかになるであろう。また，在庫に関する管理方式が重要となることもわかる。通常は，安全在庫と呼ばれる在庫量を確保する形で，在庫管理を行うことになる。

このような計画を事前に立てながら経営を行う場合には，経験や勘に頼っていたのではうまくいかなくなる。そこで，計画的な経営が必要になる。そして，経営計画は，次のように考えると良いであろう。

まず，基軸となる利益計画を立てる。これは，目標となる利益を同業他社や自社の業績などを考慮に入れながら設定する。そして，この目標利益に基づいて，目標売上高，許容総費用が算出される。すなわち，

目標利益＝目標売上高－許容総費用

である。そして，目標利益を売上の大きさとは関係なく固定した項目として考え，固定費に上乗せして損益分岐図を描くと，目標利益の獲得に

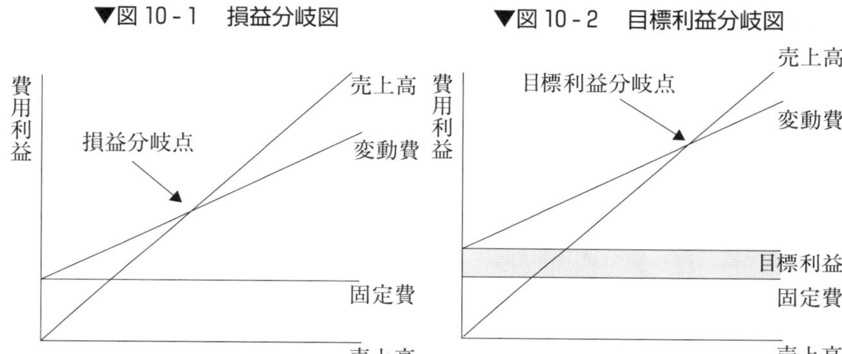

必要な売上高が損益分岐点（Break-even Point）（目標利益分岐点）の形で求められる（図 10 － 1，10 － 2 参照）。

この目標利益分岐点での売上高を実現するような販売計画が立てられる。そして，この販売計画から生産計画が立てられる。

なお，損益分岐点売上高は，売上高を S，変動費を V，固定費を F とすれば，S = V + F の点であり，V = S × V/S より，

$$S = S \times V/S + F$$
$$S - S \times V/S = F$$
$$S(1 - V/S) = F$$
$$S = F/(1 - V/S)$$

となる。また，目標利益を P とすれば，目標利益分岐点売上高は

$$(F + P)/(1 - V/S)$$

となる。また，売上高は自社価格×販売数量であるから，目標販売数量が決まり，目標生産数量が計算できることになる。

では，この国際電器産業を大きく発展させるための戦略について考え

てみたい。そのために，次節では，マーケティング・プログラムを導入するシミュレーションについて取り上げる。

5. 価格－生産－マーケティング戦略の意思決定

国際電器産業は，小型電器製品の製造と販売を行っている。同社の主力商品は，写真に撮った画像がそのままシールとなって現れる「どこでも写シール・ポン」である。デジタルカメラやスマートフォンのカメラ機能を利用して，撮影した画像を印刷するには，プリント専門店か，カラープリンタなどでの出力が必要であった。しかし，「どこでも写シール・ポン」は，撮影した画像は，すぐにシールとして出力され，若者のコミュニケーション・ツールとして好評であった。また，「どこでも写シール・ポン」は，ボディにさまざまな彩色が可能で，企業のプレミアム商品としても最適である。

手持ちの在庫から販売できるように，商品は前もって生産されているので，同社はしばしば，期末に売れ残った商品の在庫を抱えることがある。これらの商品は次期まで持ち越されるが，それには単位当たり200円の在庫費が生じる。

国際電器産業は現在，この商品に1,000円の価格をつけており，1期間当たり3,000本を製造・販売している。同社の費用分析によれば，期間当たり100万円の固定費と，商品1本当たり400円の変動費が生じる。

国際電器産業は最近，自社の事業活動について調査研究を行い，価格が売上数量にどのような影響を与えるかを分析した。分析の結果，売上数量が，提示される価格と前期の売上数量の影響を受けることがわかった。つまり，前期の価格の30％以上の値上げがない限り，前期の顧客の1/3はもう一度購入してくれることが明らかとなった（前期価格の

30 %以上の値上げは禁止する)。なお，1 期間当たりの売上数量は次式で求めるものとする。

価格変動顧客＝市場平均価格÷自社価格÷自社価格× 2,000,000
需要顧客数＝(前期実総顧客数÷ 3)＋価格変動顧客

同社は最近，販売促進ミックス（新聞・雑誌，ラジオ，テレビ，DM，インターネット，SNS を組み合わせたもの）を用いて，売上高を大きく増大させるマーケティング・プログラムに着手する方針を決めた。マーケティング・コスト分析が示すところでは，上式で計算される潜在的売上数量は次の要素を掛け合わせた分だけ増大する（以下，マーケティングコストを MC と略記する)。

MC 要因＝(3,000,000 ＋ MC) ÷ 3,000,000

こうして，総需要顧客数は次のようになる。

総需要顧客数＝需要顧客数× MC 要因

実際の売上数量は，総需要顧客数と販売可能数量（当期の生産数量＋前期の在庫数量）のうち，小さい方（実総顧客数）で決まる。もし，販売可能数量が総需要顧客数を上回れば，在庫＝販売可能数量－総需要顧客数となる。

また，1 期間内にマーケティング・プログラムを完全に廃止することは非常に難しいので，MC の増減はどの期間も，前期支出の± 200 万円以内に制限されている（1 期目の MC は最大限 200 万円まで使用することができる)。

ここで，市場平均価格とは，自社および演習に参加したすべての社の価格の平均の価格である。

さて，あなたはこの国際電器産業の経営者として，これから7期間の「どこでも写シール・ポン」の価格，生産数量，MCを決める意思決定を行い，7期間の累積利益（総利益）を計算するシミュレーションを行う。

なお，154頁から155頁までの意思決定シート④では，

売上高＝自社価格×実総顧客数
生産費＝400×生産数量
在庫費＝200×在庫数
総費用＝変動費＋固定費＝生産費＋在庫費＋MC＋1,000,000
利益＝売上高－総費用

として計算結果を記入する。また，160頁の意思決定分析シート④は，他社（コンピュータでも構わない）の価格，生産数量，MCおよび利益の動向を見るために用いる。

本シミュレーション・モデルでは，生産数量が増加した場合に，設備投資や人員補充計画などで固定費が増加するが，このような要因については触れていない。また，大量仕入れによって，1個当たりの変動費が下がるような要因も含めていない。これは，モデルをできるだけ単純化しているからである。例えば，1日に3,000個を生産していた国際電器産業は，3交替制によって，1日に9,000個の生産までは作業員を3倍にする人件費の増加，あるいは時間外労働割増賃金を支払うことで対応するため現状の人件費×1.5倍とか，10,000個以上の生産には設備投資を必要とするとか，生産数量3,000個につき販売要員を1人増やす，銀行からの借り入れを行う，などのさまざまな要因を加えることで，より現実的なシミュレーションとなるであろう。そして，貸借対照表の作成や損益計算書の作成を行うことで，経営分析が可能となる。また，ポイ

ントカードの導入によって，再購入顧客の割合が，1／3ではなく，40％や45％に増えるが，再購入顧客の売上から5％や10％を引かなければならないとかを考慮すれば，ポイントカードの導入のメリット，デメリットなども検討することができる。このようなより現実的な経営シミュレーションのためのパッケージも市販されているため，これを用いれば，さらに経営における意思決定の知識，ノウハウを養うことができるであろう。

演習問題

1．変動費には，どのようなものがあるか。

2．固定費には，どのようなものがあるか。

3．利益には，どのようなものがあるか。

4．4節で行った経営シミュレーションにおいて，国際電器産業は，ポイントカード（以下PC）の導入を検討している。PCには，次の表のように4種類があり，これによって，再購入顧客の計算が変わる。また総費用の計算にPC費用が加えられ，表中の式によって決まるものとする。種類の「なし」とはポイントがなく，4節の演習と同じである。種類の「1％」とはポイントが購入額の1％分付与されることで，このポイント分の値引きは，総費用に加えることで補填する。「5％」，「10％」も同様である。このPCの導入について，経営シミュレーションを行え。なお，PCを一度導入すれば，それを廃止する（「なし」にする）ことはできないが，種類の変更（「1％」か「5％」か「10％」）は可能であるとする。

種類	再購入顧客	PC費用
なし	前期実総顧客数÷3	0
1％	前期実総顧客数×0.35	価格×再購入顧客×0.01
5％	前期実総顧客数×0.4	価格×再購入顧客×0.05
10％	前期実総顧客数×0.45	価格×再購入顧客×0.10

期間	価格	PC 種類	平均価格	価格変動顧客	再購入顧客	需要顧客数
1						
2						
3						
4						
5						
6						
7						

期間	生産数量	販売可能数量	実総顧客数	在庫数	売上高
1					
2					
3					
4					
5					
6					
7					

期間	生産費	在庫費	PC 費用	総費用	利　益
1					
2					
3					
4					
5					
6					
7					
総利益					

《引用・参考文献》

［1］ J. R. フレイザー・市川貢『電卓でできるビジネスゲーム』中央経済社，1995年

意思決定シート①（価格）

期間	価格	顧客数	売上高	費　用	利　益
1					
2					
3					
4					
5					
6					
7					
総利益					

意思決定シート②－1（価格戦略）

期間	価格	平均価格	価格変動顧客	再購入顧客	総顧客数
1				1,000	
2					
3					
4					
5					
6					
7					

意思決定シート②－2（価格戦略）

期間	売上高	変動費	総費用	利　益
1				
2				
3				
4				
5				
6				
7				
総利益				

意思決定シート③－1（価格―生産戦略）

期間	価格	平均価格	価格変動顧客	再購入顧客	需要顧客数
1				1,000	
2					
3					
4					
5					
6					
7					

意思決定シート③ー2（価格―生産戦略）

期間	生産数量	販売可能数量	実総顧客数	在庫数	売上高
1					
2					
3					
4					
5					
6					
7					

意思決定シート③ー3（価格―生産戦略）

期間	生産費	在庫費	総費用	利　益
1				
2				
3				
4				
5				
6				
7				
総利益				

意思決定シート④ー１（価格―生産― MC 戦略）

期間	価格	平均価格	価格変動顧客	再購入顧客	需要顧客
1				1,000	
2					
3					
4					
5					
6					
7					

意思決定シート④ー２（価格―生産― MC 戦略）

期間	MC	生産数量	総需要顧客	販売可能数量
1				
2				
3				
4				
5				
6				
7				

意思決定シート④ー 3（価格—生産— MC 戦略）

期間	実総顧客数	在庫数	売上高	生産費
1				
2				
3				
4				
5				
6				
7				

意思決定シート④ー 4（価格—生産— MC 戦略）

期間	在庫費	総費用	利　益
1			
2			
3			
4			
5			
6			
7			
総利益			

《Memo》 シミュレーション等にあたってメモ欄としてこの頁を利用して下さい。

コンピュータの基礎知識

1. コンピュータの5大装置

コンピュータは，5大装置と呼ばれる装置によって構成されている。すなわち，①制御装置（Control Unit），②演算装置（Arithmetic Unit/Arithmetic and Logic Unit），③記憶装置（Storage Unit），④入力装置（Input Device），⑤出力装置（Output Device）である。コンピュータはこれらの装置の間で，命令やデータなどを制御することによって情報の処理を行っている。ここでは，これら5つの装置の役割を簡単に説明しておく。

① 制御装置：コンピュータを構成しているそれぞれの装置に指示や命令を出して，全体をコントロールする役割を果たしている。

② 演算装置：四則演算（加減乗除）や論理演算などの計算を行う装置である。

なお，制御装置と演算装置をまとめて中央処理装置（Central Processing Unit; CPU）と呼ぶ。

③ 記憶装置：主記憶装置（Main / Internal Memory）と補助記憶装置（Auxiliary Memory）からなっている。主記憶装置は入力装置からのプログラムやデータ，あるいは演算装置による演算結果を記憶するための装置で，半導体を用いた集積回路から構成されてい

▼図 11 - 1　5 大装置

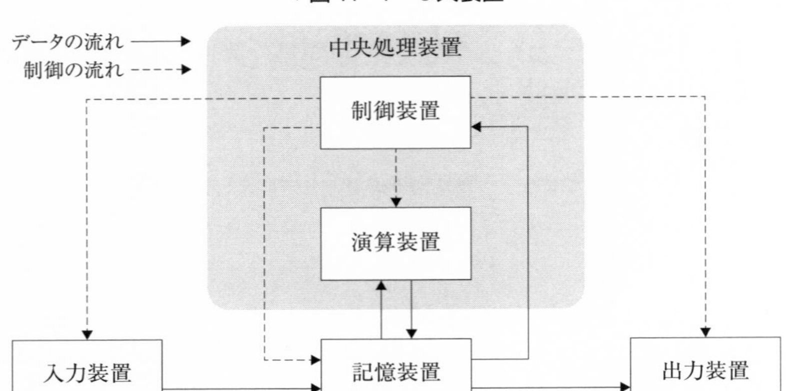

る。補助記憶装置は，主記憶装置に格納しきれない大きなプログラムや大量のデータの保存のほか，持ち運びの目的でも利用される。外部記憶装置（External Storage Unit）や 2 次記憶装置（Auxiliary Storage Unit）とも呼ばれる。

④　入力装置：人間がコンピュータに出す指示やデータを入力するための装置で，代表的なものに，キーボード，マウスなどがある。

⑤　出力装置：コンピュータの処理結果や記憶装置内のデータを出力するための装置で，代表的なものに，ディスプレイ，プリンタなどがある。

なお，補助記憶装置，入力装置，出力装置をまとめて周辺装置（Peripheral Equipment）と呼ぶこともある。

これら 5 大装置におけるデータの流れと制御の流れを図 11 － 1 に示しておく。

2. CPU

前節でCPUは，全体を制御する制御装置，演算装置をまとめたものと述べたが，正確には，データを一時記憶するレジスタ（Register），メモリなどの記憶装置とのインタフェース（Interface），周辺機器とのインタフェースなどから構成されている。中央処理装置という名称以外に，中央演算処理装置やプロセッサ（Processor）とも呼ばれている。

CPUの大きな機能は，次の2つである。

①　命令の実行

コンピュータが行う処理の手順を記述したものをプログラムといい，このプログラムはさらに一つひとつの動作を指示する命令の集まりからなっている。CPUは，この命令を順番に実行する。

②　演算の処理

CPUは，加減乗除などの四則演算や論理演算を行う。

さて，CPUの基本的な動作のしくみは次のとおりである。

まず，制御装置では，

ステップ1：主記憶装置に格納されているプログラムから命令を1つ読み込む。

ステップ2：読み込んだ命令がどのような動作を行うことを要求しているかを解読する。

ステップ3：解読された命令を実行する。

以上の動作を繰り返すことによって，プログラムの中の命令を順次実行し，それによってコンピュータを使う目的とする情報処理を行う。

また，演算装置で処理を行うときも同様の動作が行われる。すなわち，

ステップ1：演算に必要なデータを主記憶装置から読み込む。

ステップ2：読み込んだデータを演算装置にセットする。

ステップ3：演算装置で演算を実行する。

ステップ4：演算結果を主記憶装置に書き込む。

このようなCPUの性能は，一度に処理できる情報の量と演算処理の速度によって決まり，前者はビット数，後者はクロック周波数（Clock Frequency）で表される。コンピュータの内部では，すべての情報（命令とデータ）が2進数の数値で取り扱われている。それは，例えば直流電圧0ボルト（Volt）で数値の0を表し，5ボルトで数値の1を表すことで実現している。この0と1の情報が得られることを，情報の最小単位であるビットと呼ぶことは，3章で述べたとおりである。

CPUは，一度に処理できるデータの大きさ，すなわちビット数が決まっている。ビット数には8ビット，16ビット，32ビット，64ビットなどの種類があるが，ビット数が多いほど一度の処理量が大きくなり，結果として処理速度は速くなる。

次に，CPUが動作するためには，ある定められたタイミングが必要となり，この基準となるのがクロック信号（Clock Signal）である。クロック信号は，クロックパルスあるいはクロックとも呼ばれ，クロック同期設計のデジタル論理回路が動作するときに，複数の回路のタイミングを合わせる目的で音楽用具のメトロノームのように使用され，電圧が高い状態と低い状態を周期的にとる信号のことである。CPUでは，すべての動作がこのクロック信号に合わせて行われている。

単位としては，ヘルツ（Hertz; Hz）が用いられる。1秒間に発振する（電圧の最大値と最小値を繰り返す）回数をクロック周波数と呼び，1秒間にクロック信号が1回発することを1Hzで表す。この値が大き

ければ大きいほど高速に動作することになる。一般にクロック周波数は，MHz（メガヘルツ）やGHz（ギガヘルツ）という単位で表され，例えば，3GHzのCPUでは1秒間に30億周期の信号で動作していることになる。

3. 記憶装置

主記憶装置（メインメモリ）は，コンピュータのプログラムやデータを，実行または処理するために記憶しておく装置である。CPUがプログラムを実行する際，プログラムは主記憶装置上に格納されている必要がある。さまざまなプログラムを実行するためには大きな記憶容量が必要になるため，通常，ハードディスク（Hard Disk Drive; HDD）やソリッドステートドライブ（Solid State Drive; SSD）などの補助記憶装置に格納される。それらの装置に格納されているプログラムを主記憶装置に読み出して実行される。

プログラムの実行の場合と同様に，CPUがデータを処理するときにはデータも主記憶装置上に格納されている必要がある。一般に，入力装置から入力されたデータは，一旦主記憶装置に読み込まれ，出力装置に出力するときには主記憶装置から書き出される。

主記憶装置は，プログラムやデータが記憶されている領域にアクセスする。その際，アクセスはできるだけ高速で読み書きできることが望ましい。高速で読み書きを行うためには，ICメモリが使用される。ICメモリでは，電子的に情報を記憶しており，電源が消えると記憶内容も消えてしまう揮発性のラム（Random Access Memory; RAM）と電源が消えても記憶内容は消えない不揮発性のロム（Read Only Memory; ROM）がある。

また，RAMには一定時間が経過するとデータが消えてしまうDRAM（Dynamic Random Access Memory）と電気を供給している限り内容を保持しているSRAM（Static Random Access Memory）の2種類がある。SRAMはDRAMよりデータの読み書きが高速であるが，DRAMの方がより大容量かつ安価であるため，多くのコンピュータではDRAMを主記憶装置として使っている。

一方でCPUとDRAMの間には処理速度に大きな差があり，高速なCPUが使われていてもDRAMの読み書きの速度が追いつかなければ全体的に高速な処理はできない。これを解決するためにSRAMでキャッシュメモリ（Cache Memory）を構成することが多い。これは小容量ではあるが，高速にアクセスできるSRAMに主記憶装置のプログラムやデータの一部を記憶させておき，処理の実行時には主にこのキャッシュメモリにアクセスして高速化を図るものである。このようにDRAMとSRAMの長所を組み合わせ，全体として大容量で高速なデータの処理が行えるように工夫がなされている。

また，ROMには，製造時にデータが記録された後はユーザの側でその内容を書き換えることのできないマスクROMと書き換えることが可能なPROMがある。

図11－2に，ICメモリの種類を，図11－3に記憶装置の階層を示す。

一般に，メモリの性能は，記憶容量と読み書きできる動作速度で決まる。記憶容量は，バイト（Byte）という単位で表され，この値が大きいほど容量の大きなメモリであることを意味する。情報の最小単位は1ビットであるが，1バイトは，8ビットのことである。読み書きのスピードは，コンピュータの処理の速度と大きく関係している。これに関する値としては，アクセス時間（Access Time）とサイクル時間（Cycle

▼図 11-2　IC メモリの種類

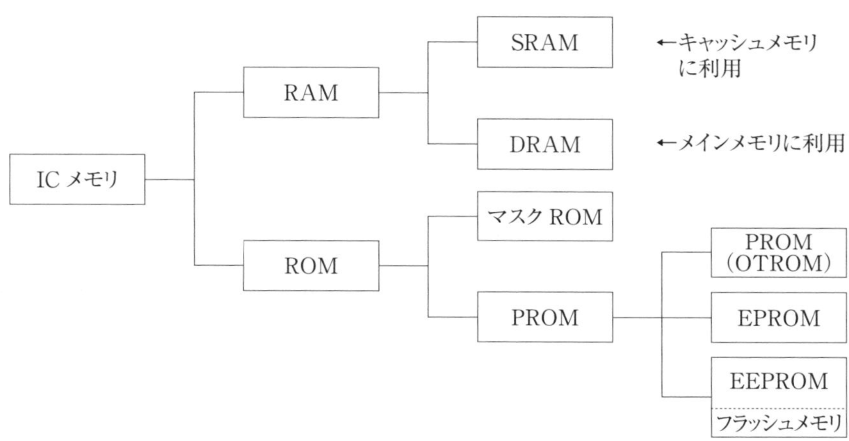

▼図 11-3　記憶装置の階層

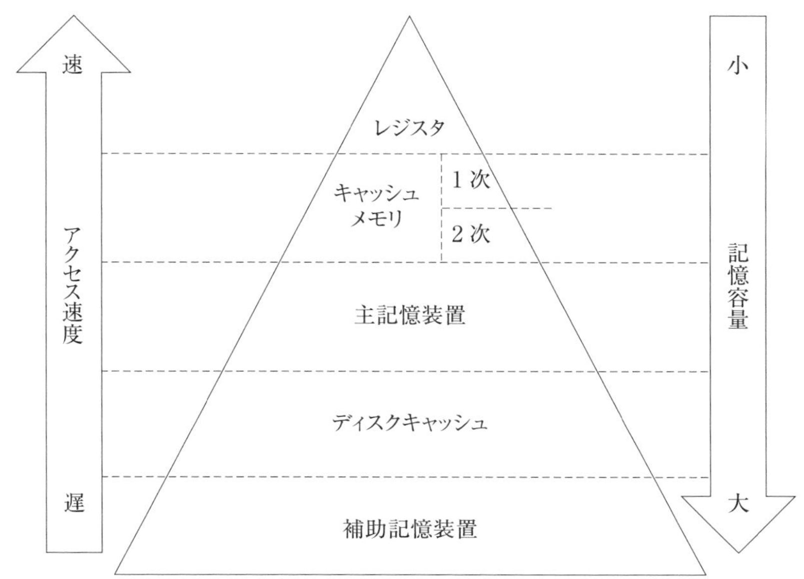

Time）がある。アクセス時間は，CPU が必要とするデータを記憶装置との間で読み書きを行う場合に，要求が出てから記憶装置にデータを読み込む（書き込む）までの時間であり，サイクル時間は，CPU がデータの読み出し（書き込み）命令を出してから，次の命令を出すまでの時間のことである。

CPU での処理に必要なプログラムやデータは，一旦，主記憶装置に格納されるが，主記憶装置である RAM は揮発性であるため，格納されているプログラムやデータなどの情報は，コンピュータの電源が切断されると消えてしまう。したがって，電源が切れてもこれらの情報が消失しないようなしくみを持ち，十分な記憶容量を持つ補助記憶装置が必要となる。

補助記憶装置には，磁気ディスク（Magnetic Disk），SSD，光ディスク（Optical Disc），光磁気ディスク（Magneto-Optical Disk / Disc），磁気テープ（Magnetic Tape），フラッシュメモリ（Flash Memory）などがある。これらの補助記憶装置には，データを保存するメディアの違い以外にも，記憶容量，情報の書き換えの可否，アクセス速度，コスト，可搬性などに一長一短があり，使用目的に応じて選択して使用する必要がある。

磁気ディスクは，磁性材料を記憶媒体とするディスクのことであり，代表的なものにハードディスクがある。補助記憶装置の中でも数百 G（ギガ）～数 T（テラ）バイトと大容量であり，データのアクセス速度が比較的速いことから，よく利用されている。家庭用 TV の録画用にも使われる。

ハードディスクの代替として登場したのが，SSD である。SSD は，半導体メモリをディスクドライブのように扱えるようにしており，既存のハードディスクに比べて，高速で消費電力が低く，発熱が少ない，耐衝撃性に優れている，軽量で動作音も発生しないといった特徴があり，急速に普及し始めている。

光ディスクは，レーザ光を使ってデータを読み書きするディスクメディアのことである。元々，音楽の記録用として開発されたが，現在ではコンピュータ用のデータなど音楽以外のデジタル情報も扱うことができる。CD-ROM形式の場合，容量は直径12㎝の標準サイズで650-700MBであり，DVD形式なら同じサイズで4.7GB（両面9.4GB，2層片面8.5GB，2層両面17GB）と大容量である。また，Blu-ray Discならば，DVD形式の5倍以上の記録容量（1層25GB，2層50GB，4層128GB）を実現している。

磁気テープは，磁性体を塗ったテープに磁気を使って記録するメディアのことである。各種メディアの開発・普及とともに，その役割を終えつつあったが，大容量化技術の開発とコスト面での優位性などから，企業が保有する大規模なサーバなどのバックアップや一般向けクラウドストレージサービス（Cloud Storage Service）の増加により利用が増加している。

USBメモリやSDカードに代表されるフラッシュメモリは，安価でコンパクト，大容量であるため，広く普及している。

4. 入出力装置

コンピュータにデータを入力するための装置を入力装置という。入力データは文字だけでなく，画面上の位置や方向，画像，音声などさまざまなものがあり，入力データの種類によって，さまざまな入力装置が用いられる。

まず，パソコンに文字を入力するための代表的な機器がキーボードである。100個前後のキーがついており，キートップには文字，記号，機能などが印字されている。キーを押すことによってそのデータがコンピュータへ送信され，コンピュータの操作を行うことができる。

また，画面上の位置や方向を入力するための機器をポインティングデバイス（Pointing Device）という。このポインティングデバイスは，ディスプレイに映し出された画面に対して直感的な入力操作を行うために重要な役割を果たしている。現在のパソコンでは，ディスプレイ上のアイコンをポインティングデバイスで選択し，作業を行うのが一般的となっている。このポインティングデバイスの代表的なものがマウスである。

板状のタブレット（Tablet）の上で専用のペン型入力装置を動かして，その位置座標を読み取るポインティングデバイスのことをペンタブレットという。マウスに比べて，より正確で繊細な入力ができるため，コンピュータ上でイラストや絵画を製作するときに使われる。

この他に，デジタルカメラやスキャナ，バーコードリーダ，マイクロフォンなども入力装置である。

コンピュータからデータを出力するための装置を出力装置という。出力データも入力データと同様，文字，画像，音声などさまざまなデータに対応しており，種類や保存の用途によって，さまざまな出力装置が用いられる。

コンピュータで作成した図や文書などを表示させるための装置としてディスプレイ（モニタ）がある。大きさは，テレビと同じく画面の対角線の長さ（インチ）で表される。画面上に表示することができるドットの数を解像度といい，解像度が高いほど多くの図や文字を精密に表示することができる。

プリンタは，コンピュータで作成したプログラム，文書，図表や絵などを紙に印刷するための装置である。性能はどのくらいの細かさで印刷できるかという精度と，1分間に何枚印刷が可能かといった印刷速度で測られることが多い。プリンタには，ドットインパクトプリンタ（Dot Impact Printer），インクジェットプリンタ（Inkjet Printer），レーザプリンタ（Laser Printer），サーマルプリンタ（Thermal Printer）（熱転写プリンタ（Thermal Transfer Printer），昇華型プリンタ（Dye-sublimation Printer））など多くの種類があるが，白黒のモノクロプリンタとカラー印刷が可能なカラープリンタに大別できる。この他に，立体造形物を作る3Dプリンタは，ものづくりの現場における模型や試作品の製作だけでなく，家庭用のものづくりなどにも幅広く利用されている。

また，多くの周辺機器をコンピュータ本体に接続した場合には，その機器間でお互いの取り決めをしておかなければ動作しない。機器間でデータの送受信をする仲介を行うものを入出力インタフェースという。近年，デジタルカメラやスキャナ，ビデオといった，さまざまな周辺機器が用いられるようになってきており，コンピュータ本体と周辺機器を接続するケーブルやデータ転送方式などは規格化されている。

代表的な入出力インタフェースとしてUSB（Universal Serial Bus）があり，データを1ビットずつ順番に送信するシリアルバスという方式で動作し，USBハブを使えば機器を最大127台まで接続することができる。

また，音声や映像などのAV機器をパソコンにつなげ，高速なデータ転送をするための入出力インタフェースとしてIEEE1394があり，FireWireとも呼ばれる。パソコンと機器類を数珠つなぎで接続するデイジーチェーン（Daisy Chain）またはツリー方式で最大63台の周辺機器と接続することができる。

FireWire の後継として開発されたインタフェースが，Thunderbolt である。接続形態は中心となる機器や集線装置にすべての機器を接続するハブ（Hub）方式のほか，デイジーチェーン接続もできる。Thunderbolt 規格の第3版から USB Type-C コネクタに変更された。

演習問題

1．コンピュータの5大装置は，スマートフォンにたとえれば，どの部分がどの装置に対応するか述べよ。
2．価格の異なる市販のノートパソコンを2台選び，CPU の性能を比較せよ。
3．2で選定した2台のノートパソコンの主記憶装置と補助記憶装置を比較せよ。
4．入出力インタフェースにおいて，シリアルインタフェース（Serial Interface）とパラレルインタフェース（Parallel Interface）について調べよ。

《引用・参考文献》

古殿幸雄編著『最新・情報処理の基礎知識― IT 時代のパスポート―』サイエンス社，2010 年

ネットワークの基礎知識

1. インターネットの歴史

1950年代，アメリカと旧ソビエト連邦（以下，ソ連）は冷戦の最中にあり，軍拡競争を繰り広げていた。1957年10月4日，ソ連は，世界初の人工衛星スプートニク（Sputnik）号の打ち上げに成功する。そして，アメリカでは，スプートニク・ショックが走り，教育・軍事・科学技術部門の改革の必要性が認識された。

同年12月，アメリカのアイゼンハワ（D. D. Eisenhower）大統領は，国防総省の傘下に高等研究計画局（Advanced Research Projects Agency; ARPA）を作ることを承認し，翌年の1958年2月にARPAが発足する。ARPA発足から5カ月後には，ソ連に遅れた宇宙技術の挽回策として，アメリカ航空宇宙局（National Aeronautics and Space Administration; NASA）が発足する [1]。

1961年，ユタ州で3つの電話中継基地が爆破され，アメリカの国防回線が一時的に完全停止する。1960年代初頭は，データ通信は接続相手ごとに回線を切り替える回線交換（Circuit Switching）方式しかなかった。この事件によって国防総省は，従来の電話網では非常時に役に立たない事を認識し，指揮統制プロジェクト（Command and Control Project）を防衛技術研究部門（Defense Research and Engineering）

からARPAに移管，ランド・コーポレーション（RAND研究所）に，核戦争にも耐えうる通信システムの研究を委託する[2]。

また，同じ年の1961年に，MITのクラインロック（L. Kleinrock）が，パケット交換（Packet Switching）のしくみについての論文を発表する[3]。1964年には，RAND研究所のバラン（P. Baran）が，パケット交換網（Packet Switching Networks）についての論文を発表する[4]。このパケット交換方式は，通信データをパケットと呼ばれる小さなかたまりに分割して送受信することにより，1つの回線で複数の通信が同時に行える。そして，その方式を取り入れたコンピュータネットワークARPANET（ARPA Networks）の構築が始まる。

ARPANETは，コンピュータとIMP（Interface Message Processor）と呼ばれるパケット交換機で構成されていた。あるコンピュータが遠隔地にある別のコンピュータと通信したい場合，まずつながっているIMPにパケットを送る。そのIMPは，パケットの最終目的地をもとに経路を探し，次にデータを渡すIMPを決める。こうしてIMP間でパケットをバケツリレー式に受け渡すことで，最終的に相手のコンピュータへパケットが届くのである。携帯電話やスマートフォン，タブレットPC（Tablet / Slate PC）などを使っているときに耳にするパケット通信は，このような方法でデータ通信を行うしくみのことを意味している。

そして，インターネットを世界へ広げる基盤となったのは，全米科学財団（National Science Foundation; NSF）が1981年に構築した大学や民間のコンピュータ研究グループ用のネットワークCSNETである。ARPANETは，アメリカ国防総省が構築したため，軍事関連技術を研究する組織だけを対象としていたが，CSNETは，コンピュータ科学を研究する組織ならば，アメリカ国外の組織でも接続することができた。

また，日本で最初にCSNETとつながったのは，1985年，電子メールの交換を目的につくられたJUNETと呼ばれる大学間ネットワークであった。JUNETは，国内外へ電子メールが送れるとあってすぐに巨大ネットワークへと成長していく。

1990年代後半になると，パソコンのOS（オペレーティングシステム）に通信機能が標準搭載されるようになり，利用者の数は一気に増大する。そして，携帯電話やスマートフォンでも簡単に利用できることから，インターネットの普及は，電話の普及やFAXの普及，パソコンの普及よりも早く世界中で普及することになった。

2. ネットワークの構成要素

大学校内や会社内など，限られた範囲内で，コンピュータや周辺機器を接続したネットワークをLAN（Local Area Network）という。LANを使えば，プロトコル（Protocol）と呼ばれる共通の通信規則に則って，ファイルを送受信したり，情報を共有したりすることができ，共同作業も容易にできるようになる。

これに対して，LAN同士を結びつけた，企業間や国家間など広い範囲にわたるネットワークをWAN（Wide Area Network）という。そして，LANとWANを組み合わせ，インターネットへの接続先を提供するサービス事業者であるISP（Internet Service Provider）が世界規模で相互に接続されているネットワークがインターネットである。

さて，コンピュータをネットワークに接続するためには，ネットワーク機器と伝送媒体などが必要になる。ネットワーク機器は，ハブやルータなど，データを転送するために必要となるものである。また伝送媒体とは，ネットワークケーブル（LANケーブル）や無線電波のように，コンピュータとネットワーク機器を接続するものである。

このように，ネットワーク通信は，コンピュータと接続されたネットワーク機器，伝送媒体などの物理的な構成のもとで，通信を行うためのルールであるプロトコルに則って，データの送受信を行っている。

プロトコルは，通信を行うための約束ごとであるが，ネットワークに接続されたコンピュータやネットワーク機器は，送り手と受け手で同じプロトコルを使って通信を行っている。例えば，ヒトとヒトとのコミュニケーションを考えた場合，送り手側の意思を受け手側に伝えたいとき，言葉を考え，声に出して伝えることになる。声を聞いた受け手側は，言葉の意味を解釈し，意思が伝わることになる。このような階層構造を表したものが，図 12 － 1 である。

私たちが日頃行っているインターネットの閲覧やメールの送受信，ファイル転送などの機能ごとに，複数のプロトコルが存在している。そのため，複数の機能のプロトコルが組み合わさって，ネットワーク通信が成り立っている。図 12 － 2 は，ネットワーク通信を階層構造に表した

▼図 12 - 1　コミュニケーションとプロトコル

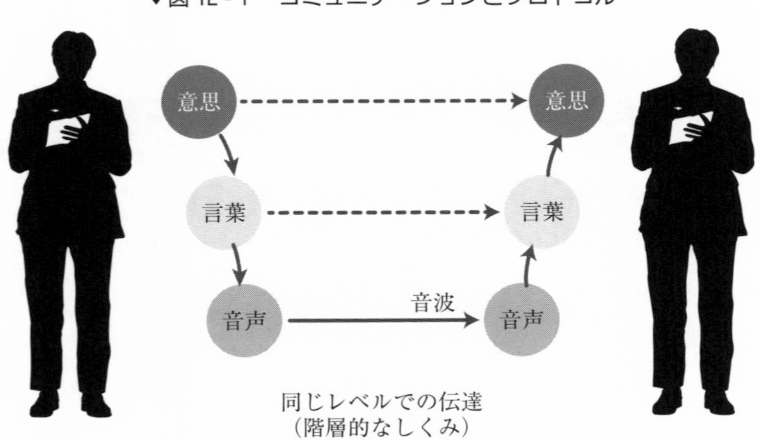

▼図12-2 プロトコル

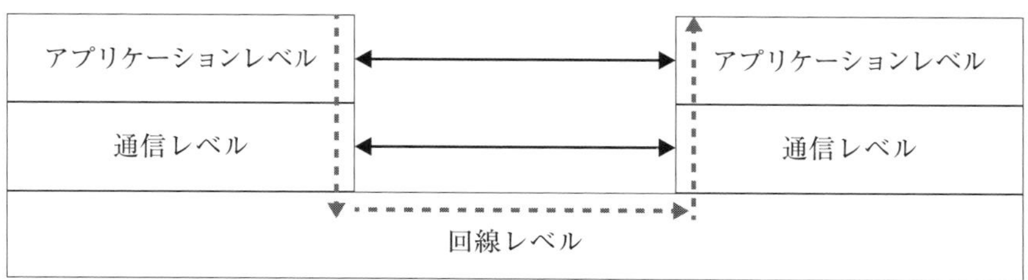

簡単なプロトコルである。

このような機能の異なる複数のプロトコルを，階層構造にして組み合わせ，体系化したものをネットワークアーキテクチャー（Network Architecture）と呼ぶ。代表的なネットワークアーキテクチャーには，OSI（Open Systems Interconnection）参照モデル（Reference model）やTCP/IP（Transmission Control Protocol/Internet Protocol）などがある。

OSI参照モデルは，国際標準化機構（International Organization for Standardization; ISO）が制定した規格で，通信に必要な機能を7階層に分割したモデルである。表12－1にOSI参照モデルの7つの階層を示す。また，TCP/IPは，世界中で広く利用されており，事実上の標準になっている。通信に必要な機能を4階層に分割し，OSI参照モデルよりもシンプルなネットワークアーキテクチャーである。TCP/IPの各層の機能は，OSI参照モデルに当てはめることができ，インターネットで利用される機器やソフトウェアは，TCP/IPに準拠している。表12－2にOSI参照モデルとTCP/IPの関係を示す。

▼表 12-1　OSI 参照モデルの 7 層

OSI 階層	
層	層の名称
第 7 層	アプリケーション層
第 6 層	プレゼンテーション層
第 5 層	セッション層
第 4 層	トランスポート層
第 3 層	ネットワーク層
第 2 層	データリンク層
第 1 層	物理層

▼表 12-2　OSI 参照モデルと TCP/IP の関係

OSI 参照モデル		TCP/IP 階層モデル
アプリケーション層	←→	アプリケーション層
プレゼンテーション層		
セッション層		
トランスポート層	←→	トランスポート層
ネットワーク層	←→	インターネット層
データリンク層	←→	ネットワークインタフェース層
物理層		

3. TCP/IP とプロトコル

表 12 − 3 に，TCP/IP とプロトコルの関係を示す。

TCP/IP のネットワークインタフェース層は，通信伝送路の物理的な規格で，有線通信の場合は，ケーブルとコネクタの形状などが規定され

▼表12-3　TCP/IPとプロトコルの関係

階層	担当するソフトウェア	プロトコルの例
アプリケーション層	アプリケーション	HTTP（Web），SMTP（メール）など
トランスポート層	オペレーティングシステム	TCP，UDP
インターネット層		IP，ルーティングなど
ネットワークインタフェース層	ドライバ	イーサネット，Wi-Fi，PPPなど

ている。LANを構築する上で最もよく利用されるイーサネット（Ethernet）は，ここで規定されている。また，無線通信の場合は，周波数帯や変調方式などが規定されている。例えば，IEEE 802.11（Wi-Fi），Bluetoothなどがある。なお，PPP（Point-to-Point Protocol）は，電話回線などを使って2つのネットワークを接続するためのプロトコルである。

インターネット層は，データの送信元から送信先に至るまでの情報転送を扱うプロトコルである。IP（Internet Protocol）は，インターネットにおける主要な通信プロトコルで，このIPにおいて，パケットを送受信する機器を判別するための番号としてIPアドレス（IP Address）がある。IPアドレスは，IPv4では32ビット，IPv6では128ビットの数値で表現する。例えば，首相官邸のWebページ（https://www.kantei.go.jp/）は，

11001010 11010110 11000010 10001010

である。これを8ビット（1バイト）ずつ4つに分割して10進数に直し，ドット（.（dot））で区切ると，

202.214.194.138

となる。IPアドレスは，世界で唯一であるが，この数字を覚えてWebページにアクセスするよりは，文字の方がアクセスしやすい。そこで，www.kantei.go.jpはドメイン名（Domain Name）と呼ばれ，インターネット通信においては，このドメイン名をIPアドレスに変換するDNS（Domain Name System）によって管理・運用されている。ドメイン名も世界で唯一であり，世界中のDNSが連携してブラウザ上で指定されたWebページを見ることができる。

ルーティング（Routing）は，ネットワーク上でデータを送信・転送する際に，宛先アドレスの情報をもとに最適な転送経路を割り出す処理を行うことである。例えば，データの転送を行う場合には，自らのネットワーク内の中継装置に転送を依頼する。この中継装置は宛先を見て，直接つながった別の中継装置のいずれかに転送を依頼し，これを繰り返してバケツリレー式にデータが送信先に運ばれることになる。このルーティングを実現する中継装置はルータ（Router）と呼ばれる。

トランスポート層は，データの転送を制御する役割を果たす。TCP（Transmission Control Protocol）は，ネットワーク層のIPとセッション層以上のHTTP（Hypertext Transfer Protocol）やFTP（File Transfer Protocol），SMTP（Simple Mail Transfer Protocol），POP（Post Office Protocol），Telnet（Teletype Network）などの橋渡しをする形で動作する。つまり，TCPはWebの閲覧，ファイル転送，メールの送信や受信，コンピュータ間通信など，信頼性が求められる通信に向いている。そのため，TCPは片方向ずつコネクションを確立するので，コネクション型の通信方式となる。また，UDP（User Datagram Protocol）は，ネットワーク層のIPとセッション層以上のDNSや

NTP（Network Time Protocol），DHCP（Dynamic Host Configuration Protocol）などの橋渡しをする形で動作する。つまり，少量のデータ通信や時刻合わせ，ブロードキャスト通信，音声通信など，信頼性よりも速さやリアルタイム性が求められる通信に使用される。そのため，UDPは，コネクションレス型の通信方式となる。

アプリケーション層は，各ソフトウェアがユーザに対して提供したい機能を実現するプロトコルである。Web閲覧のためのHTTPやメールのSMTPなど，ユーザに直接サービスを提供するプロトコルと，バックエンドで機能を提供するDNSやNTP，DHCPなどのプロトコルがある。

演習問題

1．日本におけるインターネットの普及状況を調べよ。
2．イーサネットを構成するための機器およびケーブルについて調べよ。
3．IPv6が必要な理由と現在の普及状況について調べよ。

《引用・参考文献》

［1］古殿幸雄編著『最新・情報処理の基礎知識―IT時代のパスポート―』サイエンス社，2010年
［2］古殿幸雄著『入門ガイダンス　経営情報システム　（第2版）』中央経済社，2017年
［3］L. Kleinrock: “*Information Flow in Large Communication Nets*”, MIT, Cambridge, Proposal for a Ph.D. Thesis, 1961
［4］P. Baran: “*On Distributed Communications Networks*”, IEEE Transactions on Communications Systems, Vol.12, No. 1, pp.1-9, 1964

情報セキュリティの基礎知識

1. 情報セキュリティ

セキュリティ（Security）は，安全，防護，保障などを意味する英単語であるが，情報セキュリティ（Information Security）は，ISOとIEC（国際電気標準会議，International Electrotechnical Commission）が共同で策定したISO/IEC27200によれば，「情報の機密性（Confidentiality），完全性（Integrity）および可用性（Availability）を維持すること」[1]と定義されている。このとき，機密性は，「認可されていない個人，エンティティまたはプロセスに対して，情報を使用せず，また，開示しない特性」[1]と定義され，エンティティ（Entity）は，実体や主体，存在，本質，本体などの意味で，情報セキュリティでは，情報を使用する組織やヒト，情報を扱う設備，ソフトウェアおよび物理的媒体などとして用いられる。つまり，情報へのアクセスを許可された者や組織，機器だけが，その情報の使用や閲覧ができるようにすることである。安全性は「資産の正確さおよび安全さを保護する特性」[1]と定義されている。つまり，情報や関連する資産が，破壊されたり，改ざんされたり，消失されたりすることなく，保護されることである。可用性は「認可されたエンティティが要求したときに，アクセスおよび使用が可能である特性」[1]と定義されている。つまり，情報へのアクセスを許可された者や組織や機器は，必要なときに情報や関連する資産の使用やアクセスができることである。

これに加えて，真正性（Authenticity），責任追跡性（Accountability），否認防止（Non-repudiation），信頼性（Reliability）などの特性を維持することを含めることもある。このとき，真正性は，「エンティティは，それが主張するとおりのものであるという特性のこと」[1]（情報へのアクセスを許可された者や組織，機器は，なりすました者や組織，機器ではなく主張どおりであるという特性のこと）である。責任追跡性は，情報資産に対して行われた操作については，ユーザと操作を一意に特定でき，過去にさかのぼって追跡できる特性のことである。否認防止は，「主張された事象または処置の発生，およびそれを引き起こしたエンティティを証明する能力」[1]（操作が行われた事実や発生した事象を証明でき，後になって否認されないようにする能力）のことである。信頼性は，「意図する行動と結果とが一貫しているという特性」[1]（情報システムによる処理に欠陥や不具合がなく，期待した処理が確実に行われている特性）のことである。

ITやコンピュータネットワーク，情報システムは，現代社会のインフラとして不可欠なものである。しかし，サイバー攻撃（Cyber-terrorism）やランサムウェア（Ransomware），コンピュータウイルス（Computer Virus）などによる被害や影響も後を絶たない。これらの脅威に対して，適切にリスクアセスメント（Risk Assessment）を実施し，企業などの組織における情報セキュリティの確保が必要不可欠である。

ここでは，情報セキュリティに関連する脅威と対策について整理しておく。

2. 情報セキュリティに関連する脅威

インターネットは，複数のコンピュータネットワークを相互接続することにより，世界中のさまざまなサービスを利用することができ，多くの利便が得られることから急速に普及した。しかしそれは同時に，世界中のさまざまなネットワーク上にある脅威にさらされる機会を増やすことにもつながった。このようなネットワークに潜む脅威として，コンピュータウイルスを挙げることができる。

コンピュータウイルスは，他生物の細胞を利用して自己を複製させるウイルスと同様に，コンピュータなどに潜伏して時期を待ち，潜伏期間を経て条件が整うと，症状を顕在化させるコンピュータプログラムのことである。ここでは，まず，代表的なコンピュータウイルスについて述べる [2]。

スパイウェアは，ユーザの意図にかかわらず，外部からコンピュータに感染するプログラムの一種である。感染したコンピュータ内でハードディスクの情報やユーザの操作を記録し，外部に送信するという活動を行う。ユーザのキーボード操作を記録するものとしては，キーロガ（Keylogger / Keystroke Logger）がある。また，インターネット参照の履歴などもユーザの操作を記録したものとして奪取される場合がある。

コンピュータ内に記録保存されているデータを，外部ネットワークで公開しようとするタイプのウイルスを暴露ウイルスと呼ぶ。ファイル交換ソフトを介して流通する場合が多く，代表的な暴露ウイルスとしては，Antinnyや山田オルタナティブ，原田ウイルスなどがある。

スケアウェア（Scareware）は，金銭や個人情報を奪うことを目的としたマルウェア（Malware）である。例えば，「あなたのコンピュータは，ウイルスに感染しています」などの偽の情報を表示させ，偽のウイルス対策ソフトの購入を促すものなどがある。

ランサムウェアは，感染したコンピュータへの正規ユーザのアクセスを制限したり，ファイルを暗号化したりすることによって使用不能にし，元に戻すことと引き換えに身代金（Ransom）を要求する。

ボット（Bot）は，コンピュータを外部から遠隔操作するためのコンピュータウイルスである。ボットに感染したコンピュータは，インターネットを通じて，遠隔操作される。動作がロボットに似ているところから，ボットと名づけられた。ボットに感染したコンピュータが多数集まると，ボットネットワークが構成され，そこから一斉にスパムメール（Spam Mail）やDos攻撃（Denial of Service Attack）される場合がある。スパムメールとは，受信者の意向を無視して無差別かつ大量に一括してばらまかれるメールのことで，Dos攻撃は，Webサービスを稼働しているサーバやネットワークに過剰な負担をかけて，サーバやサイトをダウンさせたり，アクセス不可にさせたりする。

ギリシャ神話に登場するトロイの木馬（Trojan Horse）の話のように，一見無害なプログラムやデータであるように見せかけながら，コンピュータ内に侵入し，何らかのトリガにより悪意のある活動をするようにしくまれているプログラムをトロイの木馬と呼んでいる。トロイの木馬は，マルウェアと呼ばれるコンピュータの安全上の脅威となるソフトウェアの一種である。

ワーム（Worm）は，他のプログラムやファイルに感染（寄生）するタイプではなく，独立したプログラムであり，自身を複製して他のシステムに拡散（自己増殖）する性質を持ったマルウェアである。コンピュータ科学者のコーエン（F. Cohen）は，他のファイルに感染することで増殖するものをコンピュータウイルスとして定義[3]しており，この定義からワームは，コンピュータウイルスに該当しない。また，ワームには自己増殖機能があることから，同じくマルウェアの一種であるトロイの木馬とも区別される。そのため，コンピュータウイルスと区別するためにワームと名づけられた。

コンピュータウイルス以外にも脅威は存在する。例えば，電子メールの送信者名を詐称し，詐称した送信者らしい文面や緊急を装う文面でWebサイトに誘導したり，接続先の偽のWebサイトを本物のWebサイトとほとんど区別がつかないように偽造したりするなどして，クレジットカード番号，アカウント情報（ユーザID，パスワードなど）といった重要な個人情報を盗み出す行為を，フィッシング（Phishing）詐欺と呼んでいる。フィッシングは，魚釣り（Fishing）と洗練（Sophisticated）から作られた造語であると言われている。また，メールやWebサイト上のURLをクリックすると，突然，身に覚えのない請求画面が表示され，お金を振り込ませようとする詐欺行為をワンクリック詐欺と呼んでいる。この他に，Webサイトが1秒ほど表示した後に，突然料金の振込みや登録の完了などのメッセージが表示され，Webサイト訪問者に金銭を要求する詐欺をゼロクリック詐欺と呼んでいる。

個人情報の流出という脅威も存在する。ブログやSNS（Social Network Service）の掲示板に，本人が投稿した画像やキーワードなどの情報を総合することによって，重要な個人情報が判明してしまうというようなことがある。この他にもネットワークへの通信の機能を利用しているソフトウェアの中に，セキュリティ上の問題点となるセキュリティホール（Vulnerability / Security Hole）をかかえたソフトウェアがないとも限らない。悪意のあるユーザが，そのソフトウェアに存在するセキュリティホールを突いてくることも考えられる。

インターネットに接続する以外にも脅威は存在する。例えば，ハードディスクの廃棄の際に，ハードディスク内の情報の消去が不十分であったり，情報が残ったままであったりする場合は，そこから情報が漏洩することが考えられる。コピー機やプリンタなどのメモリに残っている印刷物の情報にも，同様の脅威が存在し，スマートフォンの廃棄や譲渡の際には，十分に注意が必要である。また，何らかの理由によって，存在したはずの情報が失われてしまう，またはアクセスできなくなってしまうという脅威も存在する。例えば，ハードディスクが突然クラッシュする，CD-R や DVD-R などのメディアの寿命や，フラッシュメモリでは，書き換えの回数や材質の劣化による制限からくる情報の消失などである。これらの脅威にも気をつけておかなければならない。

3. 情報セキュリティ対策

情報セキュリティ対策として，最も基本となるのはオペレーティングシステム（Operating System; OS）の更新である。OS の更新では，新しい機能の追加や操作性の向上だけでなく，セキュリティホールが発見されると，その部分が改修されるため，セキュリティの向上に有効である。次に，ウイルス対策ソフト（Anti-Virus Software）の導入である。導入だけではなく，ウイルス定義ファイルを常に最新にして，ウイルス検査を実施しておく必要がある。コンピュータウイルスは，常に新種が登場しており，そこから亜種も発生するため，ウイルス対策ソフトでこれらの新しいウイルスに対応できるように，ウイルス定義は常に更新しておく必要がある。さらに，メールの添付ファイルやインターネットからのダウンロードファイルは，ウイルス検査を実施してから開く必要がある。

この他，OS やアプリケーションソフトのセキュリティホールを狙って，メールのプレビュー，Webサイトの閲覧の他，インターネット接続のみでウイルスに感染してしまう可能性があるため，使用しているアプリケーションソフトに関しては，ベンダー（Vendor）のWebサイトなどの情報を定期的に確認し，最新のセキュリティパッチ（Security Patch）を当てておく必要がある。セキュリティパッチは，プログラムに脆弱性（Vulnerability）やセキュリティホールなどが発見された場合に，それらの問題を修正するためのプログラムのことである。そして，ユーザIDやパスワードが漏洩したり，盗まれたりした場合には，なりすまし（Spoofing）による被害にあう可能性があるため，十分な管理と定期的なパスワードの変更も必要である。

また，不正アクセス対策の重要なツールに，ファイアウォール（Firewall）がある。ファイアウォールは，ネットワーク通信において，その通信を許可するか，または拒否するかを判断するしくみである。ファイアウォールとは，元々は火災などから建物を防御するための防火壁のことである。ここから，外部のネットワークからの攻撃や不正なアクセスから組織などのネットワークやコンピュータを防御し，コンピュータへの被害を最小限に止める防火壁のような役割を果たすソフトウェアやハードウェアを，ファイアウォールと呼ぶようになった。

現在のファイアウォールには，単体のコンピュータを防御することを目的としたパーソナルファイアウォール（Personal Firewall）と組織などのネットワーク全体を防御するファイアウォールの２種類がある。

パーソナルファイアウォールは，クライアントのコンピュータに導入するソフトウェアであり，導入されたコンピュータに対して，インターネットからの不正な侵入を防いだり，ウイルスの侵入を防御したり，コンピュータを外部から見えなくしたりすることができる。

組織などのネットワークに使用するファイアウォールは，インターネットと社内LANとの間に設置するものである。この場合のファイアウォールは基本的な機能として，外部からの不正なアクセスを社内のネットワークに侵入させないことで外部からの不正なパケットを遮断する機能や，許可されたパケットだけを通過させる機能を持っている。

通信内容を盗み見されたり，本物のWebサイトに似せたフィッシングサイトに誘導されたりするなどの対策として，Webサイトのセキュリティ対策を向上させる目的で，WebサイトとWebブラウザのネットワーク接続を安全にするSSL（Secure Socket Layer）が考案された。SSLは，サーバとクライアントの間で受け渡しを行うデータの暗号化と，暗号化に使用する証明書によるサーバの認証，そして通信内容を改ざんするなどのサイバー攻撃を防ぐための技術である。

暗号化（Encryption）とは，データの機密性や完全性を維持するための技術である。例えば，コンピュータを利用する際に入力するパスワードが，そのままの文字列でコンピュータ内に保存されていたとしたら，そのコンピュータから簡単にパスワードを抜き取られてしまう危険性がある。そのため，パスワードは，暗号化された状態でコンピュータ内に保存されるようになっている。

暗号化のしくみは，まず，元となるデータを，暗号アルゴリズム（Cryptographic Algorithms）を用いて暗号化する。このとき，暗号アルゴリズムに応じた鍵（Key）すなわち暗号鍵が必要になる。暗号化されたデータは，元のデータとは全く異なるデータになる。次に，暗号化されたデータは，同じ暗号アルゴリズムを用いて元のデータに戻す。これを復号化と呼ぶ。しかし，同じ暗号アルゴリズムを用いても，最初に暗号化した際に用いた暗号鍵を用いなければ元のデータとは異なるデータになってしまう。したがって，暗号化したときに用いた同じ暗号鍵を用いなければ，元のデータに復号化できない。つまり，暗号化をするときに使う暗号鍵が非常に重要な役割を果たすことになる。

暗号鍵が第三者に知られてしまうと，暗号化されたデータは，第三者に復号化されてしまうため，暗号化は暗号鍵の管理の仕方によって，RC4，DES，3DES，AES などのアルゴリズムによる共通鍵暗号方式（Common Key Cryptosystem）と RSA などのアルゴリズムによる公開鍵暗号方式（Public Key Cryptography）の 2 つに分類できる。

Web ページの送受信データ，電子メール，無線 LAN による通信データにおいても，データを利用者以外にはわからなくするために，暗号化技術は使われ，例えば，電子署名や電子証明書として利用されている。電子署名は，情報の送信元のなりすましやメッセージの改ざんが行われていないことを確認することができる。電子証明書は，信頼できる第三者である認証局（Certificate Authority / Certification Authority）が，間違いなく本人であることを電子的に証明するものである。

演習問題

1. 情報セキュリティで守るべき資産は何か。
2. 情報セキュリティにおける人的脅威と環境的脅威について述べよ。
3. 無線 LAN の暗号化技術について調べよ。

《引用・参考文献》

[1]　ISO/IEC27200

[2]　古殿幸雄編著『最新・情報処理の基礎知識―IT 時代のパスポート―』サイエンス社，2010 年

[3]　F. Cohen: "*Computer Viruses: Theory and Experiments*", Computers & Security, Vol.6, pp.22-35, 1987

今後の展開

19 世紀のイギリスおよびヨーロッパは，産業革命により急激な進歩を遂げていた。バベッジ（Charles Babbage）の自動計算機の設計もその頃のことである。この計算機は，差分機関（Difference Engine）や解析機関（Analytical Engine）と名づけられた［1］。蒸気機関（Steam Engine）の発明の時代らしい名前である。

その後，電子式コンピュータの先駆けとして，1946 年に ENIAC（Electronic Numerical Integrator and Computer）が登場［2］し，コンピュータは，産業界に普及することになる。そして，経営情報システム（Management Information System）の考え方が生まれ，情報管理（information management）の分野が確立した。

さて，本書は，情報の管理ではなく，情報のマネジメントに主眼を置いている。情報の管理では，情報を管理する立場から情報システムを設計，開発，運用，維持するという検討が必要であった。そして，そのアプローチが解決の鍵となった。しかし，本書では，現在直面している IT 社会の中で，情報を分析し，自在に操り，付加価値をつけていくマネジメントを新しい情報マネジメント論として検討した。そのため，情報の意思決定のための理論的武装によって，この時代を生き抜いていく読者の知識となるべく，不確実な情報に対するアプローチを解決の鍵としてとらえた。

まず，1 章では，情報のマネジメントの意義について述べた。特に，情報の価値を見出し，意思決定に役立てる必要性について提起した。

2 章では，IT 時代の経営戦略として，情報の分析能力の重要性を認識することにした。特に，理論的な後ろ盾を怠ることの危険について考え，経営戦略における情報の意思決定のための理論武装の必要性について論じた。

3 章以降は，具体的な情報の意思決定のためのアプローチについて検討しているが，最初に取り上げたのが，情報理論である。情報理論は，共通の知識とするべき内容であるため，4 章の情報の非対称性とともに，5 章以降の各理論の導入部分とした。なお，4 章で述べた情報の非対称性は，7 章の期待効用理論から検討することもできるが，ここでは，期待効用理論とは切り離して論じている。そのため，4 章では，期待値までの議論に止めて展開している。これらのアプローチによって，本書で述べられている理論は，机上のみの理論ではなく，現実社会に役立つ実用的な理論であることを理解して頂ければと考えた。

ところで，従来の理論展開においては，現実の社会にそぐわない場合も存在した。これは，合理的な社会や効率的な市場を前提として，理論展開されていることによる。しかしながら，これらの合理的な社会や効率的な市場に対して，説明できない事象や動向が起こっているのも事実であった。こうした説明のできない事象は，「アノマリー（Anomaly；例外的事象)」として片づけ，解析することを放棄してきたのである。しかしながら，近年，このアノマリー現象に対して，説明できる理論が登場している。本書は，このような現象への解決アプローチでもある。

5 章のファジィ理論と 6 章のファジィ推論による予測では，従来の理論では排除されてきた人間の主観的なあいまいさに対するアプローチについて論じた。ファジィ理論は，ファジィシステム理論（Fuzzy

System Theory）とも呼ばれ，システム理論から発展した理論である。システムを構築する際には，人間が関与し，人間にはあいまいさが伴う。これらあいまいさを扱うことは困難であり，無視するか，排除されてきた。しかしながら，人間の知的な情報処理活動には，コンピュータにはない思考・判断・評価・意思決定能力などがあり，これをシステムに反映させることが，必要となった。特に，知的なコンピュータシステムの構築には欠かせないアプローチとなるであろう。

7 章の期待効用理論と 8 章のプロスペクト理論では，不確実性の下での人間の行動における意思決定についての有効な理論として取り上げた。これらは，経済学の分野で発展してきた理論である。しかし，その応用範囲は広く，特に，ファイナンス分野やマーケティング分野では，有効なアプローチとなる。

9 章のシミュレーションでは，モデルや乱数，種々の分布乱数などコンピュータによる意思決定アプローチのために必要な知識について論じた。そして，10 章の経営シミュレーションでは，身近な計算ツールである電卓（電子式卓上計算機）で，意思決定を行うアプローチを取り上げた。また，表計算ソフトなどの利用によって，何度も繰り返し検討できるため，読者は，ぜひともパーソナルコンピュータを用いて，実行して頂きたい。また，シミュレーションによる検討は，現代社会では欠かせないアプローチである。

なお，確実な情報に対するアプローチとしては，統計学や多変量解析などの有益な手法が多く存在する。また，経営科学の発展は，著しい。本書では，これらについては述べていないが，多数ある有益な専門書[3][4][5]が，読者の理論武装を補ってくれるであろう。

そして，11 章では，コンピュータの基礎知識，12 章では，ネットワークの基礎知識，13 章では，情報セキュリティの基礎知識について述べた。これらの章の役割は，IT 社会の基盤となるコンピュータ，ネットワーク，情報セキュリティのしくみを知っておく必要があると考えたからで，必要最低限な知識として記載したが，これらは日進月歩で発展しているため，常に最新の技術やしくみの進化に，読者自身が適応しながら知識の更新を絶えず行って頂くことを願う。

最後に，本書は，わかりやすさを最優先したため，入門の域を脱していないし，例えば，ファジィ理論であれば，ファジィ測度論については触れていない。また，これらを用いた最新の研究についても触れていない。これらは，次の段階として，読者自身が興味を示し，さらに深く学びたいと考えたときに，進むべき内容であると考えている。ぜひとも次の段階へ進んで頂くことを願う。

《引用・参考文献》

［1］ 新戸雅章『バベッジのコンピュータ』筑摩書房，1996 年

［2］ 太田忠一・古殿幸雄共編著『最新・情報処理のしくみ―コンピュータシステムとネットワーク利用―』サイエンス社，2004 年

［3］ 蓑谷千凰彦『統計学入門（1），（2）』東京図書，1994 年

［4］ 塩谷実『多変量解析概論』朝倉書店，1990 年

［5］ 近藤次郎『オペレーションズ・リサーチの手法（OR ライブラリー 2）』日科技連，1973 年

索　　引

数字・欧文

す

せ

そ

た

ち

つ

て

と

な

に

ね

は

へ

ほ

ま

み

む

め

も

ゆ

ら

り

る

れ

ろ

わ

〈著者紹介〉

古殿　幸雄（こどの　ゆきお）

1963 年 7 月生まれ。
1992 年　大阪工業大学大学院工学研究科博士後期課程修了。博士（工学）。
1993 年　福山大学経済学部経営情報学科講師。
1998 年　福山平成大学経営学部経営情報学科助教授。
2001 年　大阪国際大学経営情報学部助教授。
2005 年　大阪国際大学経営情報学部教授。
2007 年　大阪国際大学経営情報学部長（2014 年まで）。
2008 年　大阪国際大学ビジネス学部教授，ビジネス学部長兼務（2014 年まで）。
2014 年　大阪国際大学グローバルビジネス学部教授。
2015 年　近畿大学経営学部経営学科教授。

●主な著書

『入門ガイダンス 品質管理のマネジメント』（中央経済社）
『入門ガイダンス 経営科学・経営工学（第 2 版）』（中央経済社）
『入門ガイダンス 経営情報システム（第 2 版）』（中央経済社）
『入門ガイダンス プロジェクトマネジメント』（中央経済社）
『最新・情報処理のしくみ』（編著）（サイエンス社）
『最新・情報処理の基礎知識』（編著）（サイエンス社）

入門ガイダンス　**情報のマネジメント（第 2 版）**
■不確実性への意思決定アプローチ

2005年 4 月25日　第 1 版第 1 刷発行
2018年10月15日　第 1 版第 4 刷発行
2020年 6 月10日　第 2 版第 1 刷発行
2023年 9 月10日　第 2 版第 3 刷発行

著　者　古 殿 幸 雄
発行者　山 本 継
発行所　㈱中央経済社
発売元　㈱中央経済グループパブリッシング

〒101-0051　東京都千代田区神田神保町 1-35
電話 03（3293）3371（編集代表）
03（3293）3381（営業代表）
https://www.chuokeizai.co.jp
印刷／㈱堀内印刷所
製本／誠製本㈱

ISBN978-4-502-35091-7　C3034